ENCYCLOPÉDIE

POPULAIRE,

OU

LES SCIENCES, LES ARTS ET LES MÉTIERS,

MIS A LA PORTÉE DE TOUTES LES CLASSES.

L'instruction mène à la fortune
et conduit au bonheur.

IMPRIMERIE DE A. HENRY
RUE GIT-LE-COEUR, N° 8.

RÉCRÉATIONS

TIRÉES DE L'ART

DE LA

VITRIFICATION,

Moyens curieux, simples et peu coûteux d'exécuter sur verre des peintures, dorures, jaspures, herborisations, gravures, etc., etc.; de composer des colliers filigranes, plumets, empreintes; pierres gravées, faux camées, perles, verres colorés de tous genres, émaux, petites figures, yeux en émail pour les animaux conservés, incrustations, etc., etc., recueilli dans tous les ouvrages qui ont paru sur cette matière.

REVU

PAR M. E. PELOUZE,

Ancien Officier de la manufacture royale des Glaces.

PARIS,

AUDOT, ÉDITEUR,

RUE DES MAÇONS-SORBONNE, N° 11;

1828.

AVANT-PROPOS.

Les diverses manipulations dont est susceptible une petite masse de verre fondu; les formes élégantes et variées qu'on peut, avec la plus grande facilité, lui faire prendre; les ornemens, les décorations dont on peut embellir les objets de son travail, offrent, à quiconque possède quelque notion de dessin, et même à ceux qui, en étant privés, sont doués, cependant, d'adresse et du germe de l'imitation, une source inépuisable des plus aimables distractions. Nous n'hésitons pas à dire que c'est faute de connaître tout le parti qu'on peut tirer de ce sujet, et parce qu'on s'en exagère les difficultés et surtout les frais, que tant de personnes, retirées dans le fond des provinces ou retenues par quelque infirmité dans leur appartement, ne se livrent pas, entr'autres récréations, à celles dont nous avons ici pour but de tracer les moyens.

C'est principalement les jeunes demoiselles que nous invitons à un travail innocent, exempt de fatigue, d'aucun inconvénient pour leur santé et qui, en faisant briller leur adresse, leur intelligence et leur bon goût, ne pourra laisser dans leurs cœurs purs aucune trace de flétrissure ni de regrets.

Nous avons connu dans le fond d'une province retirée de la Nouvelle-Angleterre, des demoiselles qui, n'ayant jamais eu aucun maître, ni de dessin, ni de l'art dans lequel elles excellaient, s'étaient formé la collection la plus remarquable peut-être qui existe au monde en ce genre. Elles avaient trouvé dans le chétif mobilier laissé par leur père, vitrier allemand, refugié aux États-Unis, une mauvaise lampe d'émailleur et un petit fourneau de terre cuite, et cela leur avait suffi pour faire, en grand nombre, des choses dignes de l'admiration des connaisseurs. Sur le conseil que nous crûmes devoir leur donner, d'apporter leur muséum en Europe, comme moyen de fortune, elles restèrent étonnées qu'on pût imaginer un plus grand bonheur que de rester possesseur des produits d'un travail qui a procuré des jouissances inexprimables et auquel on n'est occupé que d'ajouter sans cesse, par de nouvelles combinaisons : tant est grand le charme des difficultés vaincues!

En général, on a peu d'idée dans le monde de la simplicité des moyens de ce travail, et quelques artistes, par un intérêt assez légitime d'ailleurs, sont disposés à laisser régner les préjugés. S'agit-il du moindre joujou en verre? chacun voit déjà des capitaux à engager, la construction d'une halle de verrerie, et tout l'énorme attirail de ces dispendieux établissemens. Il n'est rien de tout cela en réalité. L'espèce de verre dont nous proposons l'usage, outre que la quantité nécessaire en est extrêmement minime et limitée, n'exige pour sa fusion qu'une température peu élevée et un très-petit fourneau portatif. Ce n'est même que pour ne rien omettre, et pour donner, d'ailleurs, une idée exacte de la nature de la matière sur laquelle on aura à opérer, que nous parlons de la composition primitive de ce verre ; car en même tems, nous invitons à n'en pas faire usage, à moins qu'on ne tienne, par amour-propre, à prendre son sujet *ab ovo.* En effet, les meilleures recettes que nous pourrions donner pour l'espèce de verre que nous indiquons ne pourraient pas avoir de plus heureux résultat que d'obtenir un verre de cristal égal à celui de Moncénis ou Baccarat, ou Munthzal, etc.

Or, les cassons de ces cristaux se trouvent à vil prix chez les marchands; si même, au défaut de ces cassons, l'on se voyait forcé d'acheter quelques pièces en neuf pour les fondre, la dépense ne serait encore que bien peu de chose, puisqu'avec la matière d'un gobelet uni de vingt sols, on peut faire une multitude d'ouvrages de la nature de ceux dont nous aurons à parler. Si, d'ailleurs, l'on se trouvait dans quelque lieu isolé où il n'y aurait pas de marchands de cristaux, on pourrait prendre du verre blanc ordinaire, tel que celui de gobletterie, ou les tubes en paquets pour instrumens de chimie, qui se vendent à la livre et à si bon marché. Il n'y aurait plus, dans ce cas, qu'à augmenter la fusibilité du verre blanc par une addition de fondans, tels que le minium et le borax, comme nous le dirons par la suite. Il sera toujours avantageux d'avoir affaire à un verre déjà affiné, qui exigera beaucoup moins de tems pour être mis en état d'être employé, et qui ne déchétera pas dans les creusets en y laissant un vide qu'il faudrait combler par deux ou trois charges successives de matières crues, à mesure que les premières s'affaissent.

Mais, quelle que soit, au surplus, la manière dont on se sera procuré le verre de cristal, soit en prenant de celui-ci chez les marchands de cassons, ou en le composant de toutes pièces ou avec du verre blanc ordinaire mélangé d'oxyde de plomb, il restera toujours à colorer ce cristal par d'autres oxydes métalliques, pour en obtenir toutes les nuances si agréables, si variées, et qui sont indispensables pour les divers travaux que nous avons à indiquer. Il faut, d'ailleurs, mettre certaines masses de verre en fusion au moins pâteuse, avant de les soumettre à l'action du jet de flamme de la lampe. Rien ne peut donc dispenser de l'obligation de se procurer un petit fourneau de fusion. Mais qu'on ne s'effraie pas de la dépense. Un fourneau tel que celui dont nous offrons le modèle peut s'obtenir facilement à Paris, si l'on n'a pas la patience ou la facilité de le construire soi-même, pour moins de 50 fr.

Une lampe d'émailleur, avec tout l'attirail.................. 20

Petit rouet pour tirer le fil du verre.......................... 10

Menus instrumens et outils..... 5

Cristal et divers oxydes métalliques pour la coloration (nous en supposons un approvisionnement pour un tems assez long.). 10

TOTAL.... 95 fr.

Avec une aussi faible dépense, on est à même de multiplier presque à l'infini des récréations de toute espèce.

Si à ces petits travaux de fantaisie, l'on voulait joindre la dorure et la peinture du verre, qui sont susceptibles de procurer non-seulement de l'amusement, mais des objets d'ornemens et d'ameublemens très-précieux, il faudrait en outre, faire la dépense d'une mouffle et du fourneau de monture, objet qu'on peut évaluer à environ 40 francs.

S'occupera-t-on de la gravure du verre au touret? Si l'on recherchait quelque élégance dans cette machine, et la solidité et la durée qu'offrent les métaux, ceci pourrait être une dépense beaucoup plus considérable. Mais nous avons vu des graveurs ambulans, courant les provinces, et faisant de fort jolis ouvrages sur un touret presque tout en bois, et qui, en y comprenant les molettes ou boutteroles assorties, n'avait pas coûté 30 francs.

Après les nombreux objets de goût et d'adresse que nous recommandons aux dames, c'est principalement sur la dorure des cristaux que nous appellerons l'attention du lecteur. Nos fabriques en ce genre rivalisent pour la perfection et le bon marché. Elles offrent des cristaux blancs, colorés, transparens, opaques, laiteux, nuageux, et le tout à bas prix. Telle pièce qu'on n'aurait pu obtenir il y a vingt ans pour 10 francs, se vend aujourd'hui trente sous. On peut donc, en décorant des ameublemens en ce genre, en décupler facilement la valeur vénale, et se composer, par l'effet de sa propre industrie, en s'amusant, et presque sans frais, de riches services de dessert et des décorations de cheminées pleines d'agrément.

Nous avons tâché de rendre ce petit traité aussi complet qu'il nous a été possible: voilà pourquoi l'on pourra y rencontrer, parmi des choses essentielles et dignes de fixer l'attention des artistes, quelques enfantillages et des joujoux peu importans, qu'il nous aurait été impossible d'en écarter, sans paraître négliger les moyens de satisfaire la généralité de ceux qui nous liront. Dans un livre de la nature de celui-ci, il faut que chacun trouve ce qui peut l'intéresser, et ce qui est en harmonie avec le tour de ses idées. Cette considération explique suffisamment pourquoi nous avons cru devoir faire la part à tout le monde. L'essentiel est qu'il n'y ait rien d'omis ni de hasardé. Pour rassurer sur le dernier point, nous pouvons affirmer que nous ne parlons de rien que nous n'ayons pratiqué nous-même, ou vu pratiquer avec succès par d'autres.

Il est sans doute superflu de faire spécialement remarquer qu'on peut se livrer à de nombreuses récréations indépendantes de la dorure au feu, et de la gravure au touret. Que personne ne se rebute donc à la vue des appareils nécessaires pour ces deux sortes de travaux, les seuls parmi ceux que nous décrivons, qui soient susceptibles d'entraîner à quelque dépense tant soit peu considérable.

RÉCRÉATIONS

TIRÉES DE L'ART

DE LA

VITRIFICATION.

CHAPITRE PREMIER.

Description des Instrumens.

1°. *De la Lampe d'Émailleur, ou table à chalumeau.*

Elle se compose d'une petite table munie, à sa partie inférieure, d'un soufflet à double courant d'air, qu'on met en mouvement au moyen d'une pédale. Ce soufflet communique avec un tuyau qui a son issue au-dessus de la table, et qui se termine en bec effilé. L'extrémité de ce bec entre à frottement dans le tuyau, et on est maître de le diriger à volonté dans différens sens. L'ouverture de cette sorte de bec a besoin d'être plus grande que celle du chalumeau ordinaire, car il est destiné à agir sur une flamme ordinairement beaucoup plus considérable; mais cette ouverture doit être parfaitement régulière et absolument ronde. Assez communément le fabricant de ces instrumens fournit lui-même ces becs, mais à leur défaut, il serait toujours possible à l'opérateur de se procurer d'excellens becs, au moyen d'un tube de verre très-épais, effilé à l'une de ses extrémités, et que l'on coupe ensuite de manière à lui laisser une ouverture convenable. Enfin on le recourbe à deux pouces environ au-dessus de l'extrémité effilée.

La lampe, proprement dite, qui se pose sur la table, doit avoir un bec capable de recevoir un gros écheveau de coton, épais d'environ un demi-pouce sur une largeur d'un pouce. Il faut que le bec de la lampe se trouve élevé de 2 ou 3 pouces au-dessus du niveau de la table, afin que la direction du jet de la flamme en soit plus facile. Le combustible le plus fréquemment employé dans ce cas est l'huile; mais dans de certains cas, où l'on a besoin d'une température plus élevée, le suif ou la graisse peuvent être à préférer.

2°. *Fourneau pour la fusion des substances vitrifiables, ou le ramollissement du verre déjà fait.*

(*Fig.* 1.) Dans la partie sur laquelle on fait le feu, ce fourneau a 18 pouces de diamètre. Son milieu sera occupé par une grille B, d'environ 8 pouces de large, sur une longueur égale au diamètre du four, et sur laquelle est supporté le combustible. On doit pratiquer aux deux extrémités de la grille, et aux extrémités du diamètre qui lui est perpendiculaire, 4 ouvertures C, C, C, C, d'environ 6 pouces de large, cintrées à une hauteur égale, par lesquelles on introduit le combustible sur la grille; ces ouvertures ou tisars, se fermeront avec des tuiles qui s'y appliqueront exactement. Au dessous de la grille, on formera jusqu'au sol, un cendrier A (*fig.* 2), dans lequel se déposeront les résidus de la combustion : ce cendrier pourra avoir le même diamètre, en son plan géométral, que le lieu du foyer ; mais il suffira qu'il ait environ 6 pouces de profondeur, c'est-à-dire que la voûte qui couvrira son pavé, et au milieu de laquelle est placée la grille (*fig.* 5) s'élève de 6 pouces. On laissera au-devant du cendrier, une porte par laquelle on puisse retirer les cendres. Pour donner à la flamme la facilité de se développer, on couvrira la chambre du foyer d'une voûte en plein cintre (*fig.* 5) qui, par conséquent, s'élève au-dessus de la grille, et, dans son milieu, de 6 pouces. Au-dessus de la chambre du foyer, on établit un pavé (*fig.* 3) de 18 pouces de diamètre, sur lequel on pose les creusets autour du trou D, d'environ 2 pouces de diamètre, par lequel la flamme du foyer communique à la chambre supérieure qui est vraiment le four de fusion. On pratique à celui-ci 4 ouvreaux E, E, E, E, d'environ 6 pouces de large, cintré à pareille hauteur, par lesquels on introduit et on retire les creusets, on les enfourne, on en tire des essais, etc., et qui, par leur position, partagent la circonférence du four de fusion en 4 parties égales. La couronne du four de fusion est sphérique, et s'élève dans son milieu de neuf pouces au dessus du pavé (*fig.* 5). Au-dessus du four de fusion, on pratique une tour dont le pavé (*fig.* 4) a environ 15 pouces de diamètre, et qui reçoit le feu du four par un trou de communication F, d'environ deux pouces de diamètre. La voûte (*fig.* 5) qui couronne la tour, s'élève au-dessus du pavé d'environ 7 pouces 6 lignes : cette tour sert à recevoir les ouvrages que l'on veut y recuire ; c'est pour cette raison qu'on y forme un ouvreau (*fig.* 4). Au-dessus de la tour, on forme une cheminée H, (*fig.* 5) pour le passage des fumées et de la flamme. On peut, à volonté, boucher cette cheminée par une tuile ou pièce de four I, et par-là on oblige, dans le besoin, la flamme à passer par une lunette L, pour aller écauffer un fourneau à calciner, ou quelque étuve dont on pourrait avoir besoin.

C'est avec des briques de bonne argile, que l'on doit construire ce fourneau, et on donne, tant à ses parois qu'aux voûtes qui en séparent les chambres, l'épaisseur d'une brique sur sa largeur, c'est-à-dire environ 4 pouces.

3°. *Mouffle pour la Cuisson de l'or de dorure des cristaux et autres objets.*

La mouffle peut être construite soit en terre préparée, soit en forte tôle de fer, ou même en fonte de fer.

La forme de cette espèce de fourneau est également variable. Le plus souvent il affecte celle dont nous donnons ici une *fig.* (7), et les dimensions dépendent de l'étendue qu'on veut donner à son travail.

La forme cylindrique est cependant plus convenable, parce que à capacité égale, elle peut renfermer plus d'objets; mais surtout parce que le chauffage en est plus facile et plus égal, moins susceptible de surfondre quelques pièces, pendant que sur d'autres l'or ne serait pas encore suffisamment attaché. C'est donc la forme que nous conseillons d'adopter, et nous donnons (*fig.* 8) une représentation de ce fourneau rempli de pièces de cristal doré, soumises à ce qu'on appelle la cuisson, pour y attacher l'or de leur décoration.

Quand la mouffle affecte la forme représentée *fig.* 7, c'est un fourneau composé avec des plaques de terre soudées entre elles sur un moule en bois, qui se démonte, dans l'intérieur, à volonté. La moufle est, vers sa base, un carré long, avec des parois latérales qui s'élèvent plus ou moins haut, et se terminent en voûte cintrée. Le derrière de la moufle est également formé par une plaque de terre qui s'unit aux faces latérales et à la voûte de dessus, de manière que le plancher, la plaque de fond, celles des côtés et la voûte, ne fassent plus qu'une pièce creuse ou grand vase parallélogramme, surmonté d'une voûte. Du milieu de cette voûte, s'élève un tuyau D, par où se dégagent, en vapeur, les essences qui restent toujours dans la dorure, quelque sèche qu'elle soit avant d'être enfournée.

La face antérieure B de la moufle, reste mobile, et figure une porte qui s'emboîte, lorsqu'on la pose, dans une rainure formant battée, et que l'on garnit d'un colombin en terre molle, pour que la fermeture de la moufle soit plus hermétique. Vers son centre, cette porte est garnie d'un autre tuyau C, assez semblable au tuyau D de la voûte. Ce tuyau C est destiné à laisser voir ce qui se passe dans l'intérieur de la moufle.

On lui donne ordinairement le nom de *regard*.

La *fig.* 8, représente en coupe une mouffle cylindrique en tôle, remplie de pièces à cuire. Cette figure et celle qui fait voir le fourneau dans lequel est contenue la mouffle, donneront une idée suffisante de l'ensemble de l'appareil.

Nous supposons qu'on ne donnera qu'une petite dimension à sa mouffle sans doute, cependant, il serait possible de la faire beaucoup plus grande, et cette augmentation de capacité deviendrait avantageuse, sous le rapport de l'emploi de combustible et de tems consacré à la cuisson; mais il y a des limites qu'il ne faut pas dépasser, si l'on veut obtenir de l'égalité dans la cuisson, et éviter de s'exposer à surfondre et gauchir les pièces placées à la circonférence de la mouffle.

La *fig.* 9, représente la mouffle en tôle dans son élévation perspective. On y voit, vers le milieu de sa hauteur, le même regard dont il a été parlé à l'article des mouffles en parallélogramme. La mouffle est surmontée d'une calotte à recouvrement de tôle très-forte, et qui ne soit pas susceptible de s'affaisser par la violence de la chauffe. Cette calotte est munie de son tuyau vertical, pour l'évacuation des vapeurs.

Pour contenir la mouffle, on bâtit en briques communes une espèce de tour E (*fig.* 8), à laquelle on donne un diamètre intérieur de 3 pouces 6 lignes plus grand que celui de la mouffle à l'extérieur. Cette tour a, dans le bas, quatre ouvertures carrées de 4 pouces, pour l'accès de l'air. On en voit une F, à une hauteur d'environ un pied au-dessus du sol; la bâtisse est interrompue pour poser sur les briques des barreaux de fer formant une grille. Ces barreaux sont mobiles, à l'exception de deux qui restent fixes pour supporter la mouffle. Ensuite, on pose la mouffle et on continue d'élever la bâtisse de la tour, jusqu'à 4 pouces environ au-dessus du chapeau ou calotte de la mouffle, afin de contenir suffisamment de combustible lors de la cuisson.

Les briques doivent être liées avec de l'argile sableuse jaune, appelée *terre à four*, et toute cette construction se place sous la hotte d'une cheminée qui ait un fort tirage.

4°. *Tournette pour fileter en dorure.*

Les filets ou cercles en or, qui entourent les pièces que l'on dore, constituent une partie essentielle et assez constante de leur décoration. Or, il est long, pénible, ennuyeux, et même fort difficile, quelqu'aisance qu'on ait à manier le pinceau, de faire ces filets avec régularité, sans le secours d'un instrument. Il sera donc utile de se le procurer. Il n'est d'ailleurs que bien peu coûteux : on en trouve de tout faits chez les marchands de couleur à porcelaine. On lui a donné le nom de *tournette*.

Ce petit instrument (*fig.* 10) consiste en un disque A, en cuivre, parfaitement plané, et d'environ 6 pouces de diamètre, sur lequel on a tracé au burin des cercles et des compartimens. Les cercles servent à indiquer le centre du disque, afin de poser la pièce à fileter dans une situation convenable ; quant aux compartimens, ceux-ci marquent les divisions qu'il y a à faire sur le dessin à exécuter. Le disque, dans sa partie inférieure, est légèrement convexe, et on y attache un petit cylindre creux B, qui engaîne la verge du pied de la tournette. Il suffit alors d'imprimer avec les doigts un léger mouvement au cylindre creux, qui embrasse assez exactement la tige en fer, pour que le disque, ou tête de la tournette, décrive un mouvement circulaire.

5°. *Rouet pour étirer le fil de verre.*

Rien de plus simple que cet instrument : il n'exige aucune description particulière. Qu'on se figure le dévidoir ordinaire des fileuses, et on en aura une idée complète. (*Voyez fig.* 11.)

6°. *Touret pour la gravure du verre.*

Cet instrument doit être placé dans un bon jour; le plus avantageux est vis-à-vis d'une fenètre, et la meilleure exposition est celle du nord; le jour qui vient de ce côté est plus doux et plus égal que celui du midi : on n'y a pas à se garantir des rayons du soleil qui incommodent beaucoup en travaillant, et qui fatiguent et altèrent la vue. La taille de l'artiste détermine la hauteur à donner à son siége, mais, dans tous les cas, il devient nécessaire que le dessus en soit un peu incliné en-devant, afin qu'on soit moins contraint, et qu'on se puisse mieux porter sur son ouvrage. Ce qui a donné la hauteur du siége réglera pareillement la hauteur de la table sur laquelle on doit opérer. On ne risque rien, néanmoins, de la tenir élevée de terre de 2 pieds 8 pouces, et comme elle ne peut être ni trop ferme ni trop stable, elle sera montée sur un pied composé de pieds droits et de traverses solidement assemblées. On pourra la recouvrir d'un cuir rembourré, et au pourtour, à l'exception de la place qu'occupera le graveur, il s'élèvera un rebord qui, comme un petit parapet, servira à retenir les outils et les autres instrumens rangés sur la table. Le dessus de la table pourra aussi être échancré par devant; on s'en approchera avec plus d'aisance, et on aura à droite et à gauche deux accoudoirs commodes pour reposer ses bras.

Sous cette table est une roue de bois de dix-huit pouces de diamètre plus ou moins, qui ne doit pas être d'un seul brin, mais de plusieurs pièces assemblées en façon de parquet, sans quoi le bois pourrait se tourmenter, et la roue cesserait de tourner régulièrement, ce qui est d'une grande importance. Pour obtenir cette régularité essentielle, on pourrait même faire couler cette roue en fonte de fer, ce qui peut, aujourd'hui, s'obtenir à très-bon marché. Cette roue se place verticalement, et on la fait traverser par un essieu de fer dont les deux extrémités se terminent par deux petits pivots qui tournent dans des crapaudines de cuivre ou de bois. La branche de cet essieu, qui a le plus de longueur et qui se porte à droite par rapport à la situation du graveur, est coudée en manière de manivelle, laquelle embrasse une courroie, ou mieux, une chaînette qui, étant debout, va s'attacher à l'extrémité d'une pédale ou planche étroite assemblée à charnière par son autre bout à la traverse du pied de la table, du côté que le graveur est assis.

Les détails de la machine et des divers outils qu'on y adapte pour la gravure du verre, se trouveront successivement décrits quand il s'agira d'en faire voir le jeu et l'effet. (*Voyez fig.* 12, 13 et 14.)

7°. *Appareil pour la Gravure du verre par le moyen de l'acide fluorique.*

Il suffit pour cette opération, d'une caisse rectangulaire en bois, doublée de plomb, avec un couvercle ou tablette s'enfonçant dans une rainure pratiquée au sommet de la caisse et y formant battée. On lutte ce couvercle avec un lut gras.

Il y a dans le fond, ou sur le plancher de cette caisse, des tasseaux également en bois recouverts de plomb, pour les défendre de l'action corrosive de l'acide. C'est sur ces tasseaux qu'on assied les pièces à graver.

Un tuyau en plomb, légèrement recourbé en dehors et ascendant, pénètre jusqu'au plancher intérieur de la caisse : c'est par ce tuyau, qu'à l'aide d'un petit entonnoir de verre, on introduit dans la caisse bien fermée, l'acide sulfurique destiné à dégager l'acide fluorique du fluate de chaux répandu en poudre sur le fond de la caisse. Aussitôt l'acide sulfurique introduit, on enlève l'entonnoir et on ferme hermétiquement le tuyau avec un bon bouchon de liége.

Quant à la table de travail, dite banquette du doreur, au couteau à palette, à la molette, au broyon, aux pinceaux, pointes à découvrir le vernis, et autres menus outils et ustensiles, nous croyons inutile d'en faire une mention particulière. Ce sont des instrumens communs à tous les genres de peinture et de dorure, trop peu coûteux pour qu'on s'en occupe, et dont nous aurons, d'ailleurs, occasion de parler successivement à mesure qu'il sera question de leur emploi.

Du Combustible à employer pour le Chauffage du fourneau de fusion.

Le coke ou charbon de houille, bien préparé et aidé, pour sa combustion, du vent d'un soufflet, serait un excellent combustible pour la fonte des matières vitrifiables ou la refonte du verre déjà fait. Le bois bien sec, refendu menu et scié de longueur, y sera aussi très-propre et dispensera de l'emploi de la soufflerie.

La houille crue pourrait gâter le cristal et altérer les couleurs. Le charbon de bois ni la tourbe ne produiraient assez de chaleur.

Du Combustible propre à la mouffle.

Sans contredit, le charbon de bois bien fait et bien cuit, est ici le combustible le plus convenable et de l'emploi le plus facile.

Le bois bien sec et refendu comme il convient, peut cependant, sans grand inconvénient, être substitué au charbon. Mais il faut écarter le coke, comme exigeant l'emploi d'une soufflerie susceptible d'occasioner des coups de feu trop violens, et la houille crue et la tourbe qui peuvent enfumer et salir les objets dorés.

Des Creusets pour la fonte et l'affinage du verre.

Nous ne croyons pas devoir beaucoup nous étendre sur la composition des creusets, parce que sans doute, pour d'aussi petites masses de verre à fondre ou à ramollir que celles dont il s'agit ici, les personnes qui s'occuperont de ce travail, trouveront bien plus simple et moins coûteux d'acheter des creusets tout faits.

On trouve dans le commerce des creusets, en grès et en porcelaine, qui sont très-compactes; ils offrent l'avantage de contenir, sans s'en laisser pénétrer, les matières rendues très-fluides par l'action de la chaleur. Pour les petites opérations que nous avons en vue, ces creusets seront très-convenables.

Des Matières vitrescibles, et de la Composition du cristal.

Nous ne multiplierons pas sans utilité les recettes pour le dosage des matières; car il n'est pas ici question, comme pour les travaux de verrerie en grand, d'opérer tantôt sur un feu d'une certaine intensité, qui exige une composition plus ou moins tendre, et tantôt sur un feu plus fort ou plus faible, qui exige, soit une addition, soit une soustraction de fondant. Nous pensons qu'en observant les proportions données plus haut, pour la construction du fourneau, et en l'alimentant soit de coke, avec une moyenne soufflerie, soit de bon bois bien sec et menu, on obtiendra constamment un degré de chaleur à peu près égal, et que les dosages que nous allons prescrire procureront, dans tous les cas, un cristal bien fusible et facilement affinable. Nous nous sommes d'ailleurs donné une marge suffisante, en tenant notre composition dans un état d'assez grande mollesse, parce que, dans le cas dont il s'agit, l'altérabilité du cristal par divers agens, le peu d'homogénéité de la masse, les stries nombreuses qui, pour la fabrication des vases et ustensiles de l'économie domestique, seraient d'intolérables défauts, n'influent nullement sur le succès de nos récréations, où rien n'est exigé qu'une matière bien exempte de bulles, brillante et très-fusible, toutes conditions compatibles avec un grand excès d'oxiode de plomb, et même favorisées par cet excès.

Composition.

Sable siliceux	3	parties pondérales.
Minium bien pur...	2 1/2	
Sous-carbonate de potasse pur...	1	
Salpêtre de 3ᵉ cuite.	1/3	

Le sable de la butte d'Aumont, près Senlis, convient assez bien pour cette fabrication, mais il a besoin d'être lotionné un grand nombre de fois à l'eau pure, pour en enlever tout ce qu'il contient d'argileux; après quoi, on le fait digérer pendant ving-quatre heures à froid dans l'acide muriatique, qui s'empare de tout le fer et de la chaux. On le relave ensuite de nouveau dans l'eau pure, et enfin on le fait bien sécher au soleil ou à l'étuve, avant de le peser pour le dosage. Le sable de Nevers est aussi très-convenable; il doit être traité d'une manière analogue.

Si l'on employait, au lieu de matières vierges, des cassons de cristaux, il faudrait ajouter, pour les ramener au degré de fusibilité que nous désirerions pour notre genre de travaux, depuis un vingtième jusqu'à un dixième de leur poids de minium, et un cinquantième de salpêtre de troisième cuite, suivant la fusibilité de ces cassons. Les cristaux de Mont-Cénis sont réputés pour être déjà les plus chargés de minium, qui se fabriquent en France pour la gobeletterie.

Dans le cas ou, au défaut de cristal, on emploîrait des verres purement siliceux et alcalins, tels que les tubes pour baromètres, il faudrait d'abord les piler grossièrement, et y ajouter un tiers de leur poids en minium pur, et 1/10e de salpêtre de troisième cuite.

Mais, nous le répétons, partout où il sera possible de se procurer du beau cristal, déjà fondu et affiné, on aura beaucoup d'avantage, pour l'économie du tems et du combustible, et pour la certitude du résultat, à en faire usage. Dans la localité de Paris, il serait même bien mal entendu de s'occuper de colorer le cristal pour un travail à la lampe d'émailleur; car l'on peut s'y procurer, soit des cassons, ou, au pis-aller, des pièces peu chères en cristal de toutes couleurs. La manufacture de Choisy-le-Roi, met aujourd'hui dans le commerce une grande quantité de ces cristaux colorés, transparens, demi-transparens et opaques.

Quoi qu'il en soit, nous ne devons pas nous dispenser d'indiquer la manière de faire ces cristaux colorés.

Qu'on ne s'attende pas, au surplus, qu'en employant le minium ou oxide de plomb, afin d'obtenir le point essentiel pour nous, c'est-à-dire un verre très-fusible et très facile à manier, on arrive à toutes les nuances si belles, si pures, si tranchées, qu'on peut admirer dans les fausses pierres précieuses, qui imitent si parfaitement aujourd'hui l'aspect des véritables. Ce serait demander des choses incompatibles, et compter sur des impossibilités. L'oxide de plomb, selon qu'il cède ou qu'il enlève de l'oxigène aux oxides colorans du cristal, en ternit souvent la nuance, ou l'altère même totalement. Par exemple, là où il y a de l'oxide de plomb, le précipité pourpre de Cassius, fourni par l'or, ne produit plus qu'un rouge très-peu agréable. Nous savons aussi que le cuivre, à l'état de protoxide, est susceptible de colorer le verre en un rouge de rubis admirable. Mais nous doutons fort que jamais on pût obtenir ce résultat en employant un verre de plomb ou cristal ordinaire; car il est probable que dans ce cas le plomb céderait de l'oxigène au cuivre. Même avec le verre purement alcalin et siliceux, il est déjà bien difficile d'empêcher cette suroxidation du cuivre, qui le fait passer au vert. Nous avons vu du verre cuivreux rouge d'une teinte admirable. Il avait été fait par hasard dans un pot de la manufacture des glaces de Saint-Gobain : depuis, on a tenté bien des fois, et toujours en vain, dans le même établissement, de reproduire le même effet. Mais fort heureusement pour nos récréations de vitrification à pâte tendre de minium, la grande beauté des cristaux n'est pas du tout un point essentiel. Il est même assez certain que du cristal magnifiquement coloré étant tiré en fils déliés, ou employé en petites pièces de rapport pour nos petits ouvrages, n'aurait aucun avantage marqué sur de la matière beaucoup moins belle vue en masse.

Du Bleu.

Cette belle couleur s'obtient presque toujours de l'oxide de cobalt, ou de quelqu'une de ses combinaisons. Cette substance est tellement teignante qu'il n'en faut employer que de très-petites proportions si l'on ne veut pas aller jusqu'au noir.

Dans notre traité des couleurs sur le verre, nous dirons comment il faut s'y prendre pour obtenir l'oxide pur de cobalt.

Du Jaune.

On connaît plusieurs procédés pour

le jaune. On l'obtient difficilement d'un ton uniforme. Les phosphate et sulfate d'argent réussissent assez bien, mais ils sont chers.

On fait un autre jaune assez beau et à bien meilleur marché, par un mélange de 1 partie oxide blanc d'antimoine, 1 d'alun et 1 de sel ammoniac. On pulvérise chacune de ces substances, on en fait un mélange exact, qu'on soumet à une chaleur capable de décomposer le sel ammoniac. Il faut continuer cette calcination jusqu'à ce que la couleur jaune soit bien développée. Quand on emploie cette couleur, il faut ajouter à la masse du cristal 1/6e de son poids de minium.

D'autres teintes de jaune s'obtiennent avec l'oxide de plomb, auquel on ajoute de l'oxide rouge de fer, en proportion plus ou moins grande.

Du Vert.

Un mélange de jaune et de bleu peut facilement produire cette couleur. Mais on a plutôt recours, pour l'obtenir, à l'oxide de cuivre, ou mieux encore à l'oxide de chrome, qui a l'avantage de résister bien plus au grand feu et à la continuité de la chauffe.

Il y a deux oxides de cuivre. Celui au minimum d'oxidation est d'un beau rouge, et il est susceptible de communiquer cette couleur aux verres avec lesquels on le combine; mais il est très-fugace. L'autre oxide, au maximum d'oxidation, est bleu à l'état d'hydrate, et d'un brun noirâtre quand il est anhydre ou sec. Il colore en vert toutes les combinaisons vitreuses dont il fait partie. On y ajoute assez ordinairement un peu d'oxide de fer pour en jaunir un peu la nuance. Sur 4 livres de verre on peut mettre 2 onces d'oxide de cuivre, et 48 grains de safran de mars.

Du Rouge.

Comme il vient d'être dit, le protoxide de cuivre fournit une belle couleur rouge, lorsqu'on peut le fixer. Ce résultat est toujours assez incertain. L'oxide de cuivre est susceptible de perdre ou de recevoir une nouvelle quantité d'oxigène, par de faibles variations de température. Il faut saisir le point opportun pour retirer du feu le cristal coloré avant que sa nuance n'ait changé. Cependant, on peut remédier à l'effet de la température lorsqu'elle a produit une suroxidation, en ajoutant dans le verre une matière combustible, telle que du charbon, de la suie, du tartre, etc. Le cuivre revient alors à son minimum d'oxidation, et la couleur rouge reparaît. C'est même un moyen assez certain d'obtenir une fausse *aventurine*, car en forçant la dose du combustible, une portion du cuivre se réduit totalement, et les parcelles métalliques répandues dans la masse du verre lui donnent absolument l'aspect de cette pierre.

M. Robiquet a proposé avec raison de substituer à ce tâtonnement long, et toujours d'un résultat assez peu certain, le procédé suivant : il consiste à faire bouillir une solution à parties égales de sucre et de sulfate, ou mieux, d'acétate de cuivre, dans 4 parties d'eau. Le sucre s'empare d'une portion de l'oxigène uni au cuivre, et ramène celui-ci à l'état de protoxide, qui se précipite sous forme d'une poudre grenue, d'un rouge brillant. Cette poudre peut entrer directement dans la composition du verre pour le colorer en rouge.

Les préparations d'or, et particulièrement l'oxide et le pourpre de Cassius, sont aussi employées avec avantage pour colorer le cristal en rouge d'une nuance particulière. Mais elles ont l'inconvénient d'être très-chères.

Du Noir.

Le verre, aussi noir qu'il est possible de l'obtenir sans qu'il perde de sa transparence, se fait avec le peroxide de manganèse, et le protoxide de fer, et l'on ajoute à l'intensité de la couleur, par l'addition d'une très-petite quantité d'oxide de Cobalt, qui est la substance minérale teignante par excellence.

Du Violet.

Le peroxide de manganèse seul et en petite quantité, fournit avec les fondans salins, un verre d'un très-beau violet, et l'on obtient facilement des variations de nuances, en modifiant le dosage. L'essentiel est de maintenir le manganèse au *summum* d'oxigénation, et l'on doit éviter, par conséquent, de mettre dans la composition aucune substance susceptible de le réduire. On peut d'ailleurs toujours s'assurer de l'effet cherché en ajoutant constamment avec le manganèse, une certaine quantité de nitrate de potasse, qui lui restitue l'oxigène perdu.

Beaucoup d'autres oxides des métaux nouvellement découverts, procureraient sans doute des verres colorés qui pourraient offrir de l'intérêt, notamment les oxides de titane et d'urane; mais la liste que nous avons donnée suffit amplement aux besoins du genre de travail que nous avons en vue.

En général, pour s'assurer d'avance de la proportion d'oxide qu'il convient d'employer pour obtenir diverses nuances, on doit faire des mélanges d'essai, avec lesquels on soufflera des *montres* de l'épaisseur voulue.

Du Verre Opalin, ou demi-transparent.

Dans les différens travaux que nous avons à décrire, on pourra tirer grand parti du verre ou cristal opalin, c'est-à-dire qui ne jouit que d'une demi-transparence, quel que soit le fond de couleur qu'on lui ait donné.

La mode régnante aujourd'hui, et la grande vogue que cette sorte de cristal a obtenue pour une foule d'objets d'ameublement et d'ornement, en a extrêmement étendu la fabrication. On pourra donc, pour le travail à la lampe, se procurer de ce cristal opalin avec autant de facilité et d'abondance, que du cristal parfait.

Le coup d'œil opalin se donne au moyen d'une légère addition de phosphate de chaux broyé et desséché. On se procure le phosphate de chaux en faisant calciner à blanc et pendant très-long-tems, des os d'animaux, principalement ceux de pieds de mouton. Dans le cas d'emploi de ce phosphate de chaux, comme quelque soin qu'on puisse apporter à la calcination des os, une petite portion de charbon échappe toujours à la combustion, et que si on ne la brûlait pas dans le verre, elle pourrait en altérer la nuance, il sera bon de forcer un peu le dosage du salpêtre qui a été indiqué.

Les essais qui ont été tentés pour substituer l'oxide d'étain précipité et lavé, au phosphate de chaux, n'ont pas eu un résultat entièrement satisfaisant.

De la Fonte et de l'Affinage de la matière dans les Creusets.

Les matières crues, qui éprouvent d'abord dans les creusets une espèce de boursouflement, venant à se fondre ensuite, diminuent de volume et s'affaissent; l'on est par conséquent obligé de charger de nouvelles matières pour remplir la capacité laissée libre dans les creusets. On fait ainsi d'ordinaire trois charges, appelées *enfournemens*. Après quoi on laisse le verre s'affiner, c'est-à-dire se débarrasser des bulles qui, dans les premiers momens de sa fusion, nuisent à sa transparence. Dans le progrès de l'affinage, il vient à la surface des creusets une espèce d'écume ou de couenne, qu'il faut enlever avec une lame de cuivre placée au bout d'un manche en fer. C'est ce qu'on appelle la *Scramaison*. On sent que cela n'a pas lieu, si l'on se borne, comme nous l'avons conseillé, à refondre du cristal déjà affiné en y ajoutant du minium et du salpêtre purs.

Dans beaucoup de cas, l'on pourrait même se dispenser de faire refondre le cristal dans des creusets, principalement quand les rognures sont en forme de lames plus ou moins allongées: il est toujours facile de ramollir directement celles-ci à la lampe, et de les tirer en fils plus ou moins déliés. Certains artistes emploient même pour leur filigrane, des lames provenant des rognures de verre à vitres et de glaces-miroirs. Mais celles-ci sont beaucoup plus difficiles à fondre et à travailler que le cristal qui contient de l'oxide de plomb.

Du Tirage du Verre, pour en former de petites masses qu'on tient à sa disposition pour l'emploi.

D'abord il faut ramener, à l'aide de pinces, dites moustaches, le creuset dans lequel on a dessein de cueillir du verre, sur le devant de la table du fourneau.

Si l'on a l'intention de tirer un cylindre creux ou tube, avec lequel on puisse ensuite souffler toutes sortes de différens objets, on cueille le verre avec la canne creuse, on imprime un mouvement de giration à cette petite masse de verre, afin de l'arrondir; on la présente pendant tout ce tems à l'ouvreau du fourneau, pour qu'elle conserve sa fluidité pâteuse : on souffle dans la canne pour faire de la masse du verre une espèce de poire creuse : c'est ce qu'on appelle une *paraison*. Ceci est la besogne de l'artiste, et il se fait aider de quelqu'un qui vient appliquer contre l'extrémité de la masse de verre placée au bout de la canne, un morceau de verre semblable qui a été cueilli dans le même creuset au bout d'un crochet. Cela forme ce qu'on appelle un *pontis*. La masse creuse de verre se trouve ainsi attachée par ses deux extrémités, et les manipulateurs marchant à reculons l'un et l'autre, tirent ainsi sur le verre qui s'allonge en un tube plus ou moins long, suivant que la marche rétrograde a été plus ou moins rapide, et que le verre a pu s'étendre plus ou moins avant son refroidissement. Pour soutenir le tube pendant cette opération, les deux manipulateurs, qui marchent d'un pas égal, laissent tomber doucement la paraison, à mesure qu'elle s'allonge, sur des morceaux de billettes que l'on a disposés de distance en distance sur le sol de l'appartement. J'oubliais de dire qu'avant de procéder à l'étirage du tube, et pour diminuer la fluidité du verre aux points d'attache, de manière qu'il ne quitte pas les instrumens, on mouille légèrement ces deux points.

Ces tubes se refroidissent sur les billettes, et n'ont pas besoin d'autre recuit. Cela tient sans doute à leur forme cylindrique, et surtout à l'égalité de l'épaisseur du verre dans toutes ses parties.

Une fois les tubes obtenus, on se trouve approvisionné des seuls matériaux dont on puisse avoir besoin par la suite, pour toute espèce de soufflage; car tel capillaire que puisse être le tube, sa cavité ne s'oblitère plus, quelque longueur que la fluidité du verre et la rapidité de la marche des étireurs ait pu donner à ce tube.

Pour les autres ouvrages qui se font sans soufflage, il suffit d'avoir des baguettes pleines, de l'épaisseur qu'on uge convenable, et que l'on casse après leur refroidissement par petits bouts, au moyen d'une pince. Dans ce cas, on peut se borner à cueillir le verre au crochet, sans faire de paraison, et à l'étirer comme il a été dit plus haut.

Enfin, l'on peut encore, au lieu d'étirer des baguettes, cueillir le verre par petites parties dans le creuset, et les déposer sur une pierre plate ou une plaque de fonte, ou de cuivre, etc. Ces petites masses étant refroidies, seront serrées dans des boîtes, en mettant chaque couleur à part, et serviront pour divers travaux à la lampe, tout aussi bien que le verre étiré.

DU TRAVAIL A LA LAMPE D'ÉMAILLEUR, OU CHALUMEAU DE TABLE.

Manière de faire agir le chalumeau.

La lampe étant garnie et allumée, on la place sur la table, en face du bec du chalumeau, puis, s'asseyant sur une chaise, l'on pose un pied sur la pédale, et l'on fait mouvoir légèrement le soufflet. On dirige alors le bec du tube jusqu'à ce que, se trouvant dans une position presque horizontale, son extrémité affleure le bord inférieur de la flamme, ou n'y pénètre que très-peu. Le vent doit être assez fort pour que la flamme se réunisse en un seul faisceau, suivant précisément la direction du courant d'air. S'il n'était pas assez puissant pour produire de suite cet effet, il ne faudrait pas chercher à l'obtenir en faisant mouvoir rapidement le soufflet, pour le remplir d'air complétement, afin de le faire sortir avec plus de vitesse par la pression directe du pied. Il vaudrait mieux placer sur la partie supérieure du soufflet, un certain nombre de poids qui, exerçant sur l'air une pression considérable, augmenteraient suffisamment son ressort et la force du courant. Il est évident que, toutes choses égales d'ailleurs, le soufflet, lorsqu'il est entièrement plein d'air, le chasse avec une vitesse plus grande que lorsqu'il n'en contient qu'une petite quantité ; par conséquent l'on peut, sans rien changer au poids qu'on a placé dessus, modifier à volonté la force du jet, par la seule action du pied.

Il n'est pas toujours nécessaire que la flamme entière de la lampe soit entraînée dans la direction du courant d'air ; et comme la partie excédante qui s'élève perpendiculairement donne beaucoup de fumée, il est convenable de la faire passer dans un petit tuyau terminé par le bas en entonnoir. Cette disposition peut d'ailleurs avoir l'avantage de soustraire l'œil à l'action continuelle de la partie brillante de la flamme, et permettre, par conséquent, de suivre beaucoup mieux les progrès de l'opération. C'est particulièrement lorsque le volume de la flamme est trop considérable pour le courant d'air, qu'une portion échappe ainsi à son action; dans ce cas, on enfonce un peu plus le bec dans l'intérieur de la flamme, et l'on voit alors toute la portion placée en avant du bec se projeter sous forme de dard lumineux, tandis que la portion qui est en arrière, s'élève perpendiculairement sans éprouver de déviation dans sa direction. Le dard de la flamme doit être conique, non vacillant, non brisé sur les bords, se terminant en une seule pointe bleue entourée d'une lueur faible et sans fumée.

Il est nécessaire, suivant le besoin, de faire éprouver à cette flamme quelques modifications. Lorsque le courant d'air est fort, et que le bec est retiré un peu en arrière, la flamme devient bruyante, tremblante et diffuse; elle est alors d'une couleur bleuâtre, ne produit pas de fumée et peut être employée utilement pour chauffer les morceaux de verre épais.

Manière d'opérer sur le verre.

Nous supposons l'opérateur assis devant sa table, sa lampe préparée et allumée, le soufflet mis en action par le pied, et la flamme claire, pointue et continue. Nous allons parler d'abord des opérations les plus simples qui puissent se présenter, mais qu'il faut savoir exécuter avec facilité et promptitude avant d'essayer d'aller plus loin. Lorsqu'on fait chauffer un tube par le milieu, il faut le tenir par les deux extrémités, de manière que les avant-bras étant appuyés sur le devant de la tablette, la paume de la main soit tournée en dessus. On place alors la partie que l'on veut chauffer, non pas directement dans l'intérieur de la flamme, mais dans le courant d'air chaud qui suit la même direction, afin d'éviter qu'une chaleur trop brusque ne le brise. L'on fait tourner le tube sur lui-même en le portant à droite et à gauche, de manière à présenter successivement à l'action de la chaleur tous les points qui doivent être chauffés. Au bout de quelques secondes, lorsque le verre est assez échauffé, on le rapproche de la pointe de la flamme, et on l'y introduit tout-à-fait : on continue à le tourner et à le promener dans la flamme jusqu'à ce que le tube, occupant alors le milieu de la petite partie transparente, soit chauffé au rouge brillant ou au jaune, dans la largeur d'un demi-pouce, de manière à être parfaitement mou dans cette partie; on laisse ensuite la chaleur diminuer graduellement.

Le verre mince pouvant s'échauffer plus rapidement que le verre épais, exige moins de précaution. Il suffit ordinairement de commencer par l'échauffer légèrement ; quelquefois même on peut le mettre directement dans la flamme. Il y a des tubes si petits et si minces, que l'application la plus brusque de la flamme ne saurait les briser.

Il faut éviter de noircir ou de colorer le verre pendant l'opération ; c'est un accident qui peut avoir lieu par deux causes : 1° par l'introduction d'une portion de charbon dans la masse de verre; 2° par la réduction de l'oxide de plomb dans les verres qui en contiennent. Lorsque le verre, au-dessous de la chaleur rouge, est placé dans la partie brillante de la flamme, il s'y dépose ordinairement une couche de charbon qui, souvent, ne disparaît que lorsque la chaleur s'est élevée au-dessus du rouge, parce que le charbon s'incorpore avec le verre fondu; quelquefois même cette couche de charbon augmente progressivement. Placé ainsi en contact avec l'oxdie de plomb que contient le verre, cet oxide est décomposé par le carbone, et le plomb réduit forme une autre espèce de tache qui se confond avec la première. Lorsque cet accident arrive, on fait disparaître la tache en approchant le verre du sommet de la flamme, afin que l'oxigène de l'air puisse agir dessus.

La flamme ne doit être ni vacillante ni irrégulière, et surtout ne pas varier à chaque tour ou mouvement du verre: il faut, au contraire, qu'elle s'étende en une lame uniforme tout autour du tube dans de certaines limites: plus l'opérateur pourra, en tournant et en promenant le tube, maintenir une température égale sur un grand espace, mieux il réussira. Voilà pourquoi il est souvent à propos d'incliner le tube dans la direction de la flamme et de ne pas le tenir perpendiculairement à cette direction.

La partie pâle, immédiatement avant la pointe brillante, est celle qui fournit le plus de chaleur et qui peut échauffer la plus grande étendue de tube. La force va en diminuant vers l'extrémité. Le succès et la promptitude des opérations dépendent de la connaissance qu'on aura acquise de la position dans laquelle il convient de placer les tubes.

On peut juger de la consistance du verre autant par le tact qu'à la vue : la facilité plus ou moins grande avec laquelle il se plie dans les mains, annonce mieux que l'aspect seul le moment où il faut le travailler.

Si, lorsque le tube est chauffé, l'opérateur cherche à le courber, l'étire ou le refoule sur lui-même; si, bouchant l'une des extrémités avec le doigt, il souffle par l'autre extrémité dans l'intention de le dilater, il verra qu'il est nécessaire d'une chaleur de plus en plus forte pour produire ces trois sortes d'effets.

On évite la déformation du tube ramolli, en le tournant légèrement et continuellement, de manière à relever sans cesse la partie du verre ramolli qui tend à descendre.

Quand on chauffe l'extrémité d'un tube, dans l'intention de le sceller, il faut en génral le tenir dans une situation oblique, et que la pointe chauffée soit à la partie supérieure, et toujours en vue.

L'opération la plus simple qui puisse se présenter, est celle de donner aux tubes une certaine courbure. Après que le verre a été chauffé également sur une longueur d'un demi-pouce et plus, et lorsqu'il est sensiblement ramolli, il faut le retirer de la flamme, et incliner les deux extrémités, les maintenant toujours dans le même plan, de manière à courber le tube graduellement, en ayant soin que la partie convexe soit tournée du côté de l'œil. Si pendant l'opération, le verre se refroidissait assez pour cesser d'être malléable, il faudrait le chauffer de nouveau.

Le tube doit être chauffé également sur tous les points, afin que toutes les parties cédent à la fois à la pression que l'on exerce; car le verre de la surface convexe s'allonge et s'amincit, tandis que celui qui se trouve à la partie concave, s'épaissit par suite de la contraction qu'il éprouve nécessairement.

Lorsque le verre est trop fortement échauffé, il se ramollit tellement qu'il devient impossible de lui donner une courbure régulière, mais aussi cela donne la facilité de faire une courbure extrêmement courte.

Pour souffler des boules au milieu ou à l'extrémité des tubes, l'on commence par faire chauffer sur une longueur d'environ deux tiers de pouce, l'extrémité préalablement fermée du tube, jusqu'à ce que le verre soit assez ramolli pour se courber de tous côtés par son propre poids ; appliquant alors la bouche à l'autre extrémité, l'on souffle de manière à produire la dilatation de la partie ramollie. Cette opération doit se faire rapidement, mais avec la plus grande attention; et aussitôt que l'on aperçoit la dilatation s'opérer, il faut diminuer peu à peu la force de l'insufflation, et se tenir prêt à la suspendre tout-à-fait ; car, sans cela, on n'obtiendrait qu'une boule volumineuse très mince et très-irrégulière, qui ne pourrait être d'aucun usage ; car, en effet, à mesure que la boule s'agrandit, son épaisseur et la résistance des parois diminuent, tandis que l'accroissement de la surface intérieure augmente la pression qu'elle a à supporter. Pour éviter l'inconvénient, il ne faut chasser, dans la tube, que l'air contenu dans la bouche, sans avoir recours aux poumons, et diminuer la force de l'impulsion à mesure que le verre se dilate. Il ne faut pas chercher à terminer la boule en une seule opération; mais dès qu'elle est dilatée à un diamètre égal à 5 ou 6 fois l'épaisseur du verre, il faut la chauffer de nouveau et recommencer comme la première fois.

Il faut toujours souffler le verre hors de la flamme, car il serait impossible de l'y maintenir à une température uniforme; à mesure qu'il se dilate, il faut le tourner continuellement de manière que les parties les plus minces se trouvent en dessous. On les reconnaît aisément à leur dilatation subite, à leur transparence plus grande, et à la manière particulière dont elles réfléchissent la lumière. En les plaçant en dessous, elles se refroidissent plus rapidement, et, par conséquent, se dilatent moins; pour réussir parfaitement, il est nécessaire d'opérer avec rapidité, à cause des obstacles qu'apporterait le prompt refroidissement du verre mince.

DIVERS TRAVAUX A LA LAMPE.

Petits Globes d'une extrême légèreté, tels que ceux qui soutiennent dans l'eau les figures de verre appelées Diables cartésiens.

Ces globes, de la grosseur d'une noisette, et de la contexture la plus mince, portent sur le côté un bec très-capillaire, et, par en bas, une queue repliée en anneau. Après avoir enflé la boule, on chauffe la partie d'où le bec doit sortir. On appuie, sur cette partie, la pointe d'un tube pareillement chauffé; il s'attache au verre, et ne s'en sépare qu'en entraînant le point qu'il a saisi. Cet allongement est creux; il faut le rompre à la longueur de trois ou quatre lignes. On scelle ensuite la queue, et, en lui conservant, à la lampe, un petit degré de souplesse, on contourne l'anneau aussi facilement que le chaînetier contourne ses maillons.

Verre tiré en fils, pour Plumets, imitation du poil ou des plumes d'animaux, perruques, etc., etc.

Les fileurs de lin et de soie ne font pas leurs fils avec plus d'aisance et de célérité, ni d'une aussi grande finesse que les fileurs de verre.

Le procédé de cette filerie est d'ailleurs extrêmement simple. On s'y emploie à deux personnes. L'une tient une extrémité d'un morceau de verre à la flamme de la lampe, et quand la chaleur l'a amolli, l'autre applique un crochet de verre qui se soude au verre en fusion, et tirant ensuite à lui, il amène un filet de verre qui est toujours adhérent à la masse dont il sort; après cela, approchant son crochet sur la circonférence d'une roue d'environ deux pieds et demi de diamètre, elle tourne rapidement la roue dont le limbe se couvre de fil de verre, ce qui, après un certain nombre de révolutions, forme un écheveau brillant, flexible, très-élastique, susceptible, étant coupé, de donner de magnifiques plumets ondoyans et très-durables. Si l'on veut que ces plumets soient de couleurs mélangées, il faut soumettre à l'action de la lampe alternativement des masses de verre différemment coloriées. Le lien des plumets à leur base est également un fil de verre tiré à la lampe et soudé sur le pied du plumet.

Verre tiré pour ouvrages en filigrane.

Ces fils sont moins tenus que ceux dont il vient d'être parlé; ordinairement on ne les enroule pas sur un rouet, et l'opérateur n'a pas besoin de se faire aider. Il ramollit ses petites masses à la lampe et les étire en fils de la grosseur propre à l'ouvrage qu'il se propose d'exécuter.

De la Mise en œuvre.

Quand on s'est procuré, par les procédés que nous venons d'indiquer, des tubes et des baguettes de toutes grosseurs et de toutes couleurs, on procède à la mise en œuvre.

Un grand nombre de petits ouvrages peuvent être exécutés sans préparer aucun support, aucun bâtis ou carcasse. Nous prendrons pour exemple de ces travaux, où il ne sagit absolument que du soufflage et de l'application des grains de verre ou d'émail, la forme de ces cygnes que l'on voit dans toutes les boutiques d'émailleurs. Il ne sagit que de ermer un tube par son extrémité, de l'amollir, de le dilater par l'insufflation; après quoi l'amollissant de nouveau et saisissant l'une des extrémités à l'aide d'un petit crochet, on étire la matière pour former l'allongement du cou, que l'on replie à volonté : on aplatit la partie postérieure pour former la queue. Il ne reste plus alors qu'à coller les pattes et les yeux. Cela se fait très-facilement au moyen de ces petits fragmens colorés que l'on obtient en cassant ses baguettes effilées. On tient le petit fragment au bout d'une pince, on le présente au jet de la flamme pour l'amollir et en abattre les angles, et on l'applique à la place pour laquelle il est destiné.

Ce seul exemple suffit pour donner une idée de tout ce qu'on peut, avec de la dextérité et du goût, exécuter avec les tubes; mais quelque habile qu'on pût être à manier le verre, ce genre de travail n'offrirait que des ressources assez bornées. Le soufflage des baguettes et des grains, le garnissage avec l'aigrette ou les fils de verre, ouvrent un champ beaucoup plus vaste à l'opérateur, et les ouvrages qui en résultent sont susceptibles d'une bien plus grande perfection, et peuvent affecter des formes aussi gracieuses que compliquées. Les animaux de toute espèce, les figures humaines, les arbres, les fleurs, les fruits, etc., etc. rentrent alors dans le domaine de l'émailleur.

Il faut alors modeler en fil d'archal,

ou mieux de laiton, qui est moins susceptible de s'oxider et d'écailler pendant le travail, la figure que l'on veut obtenir. Quand on est satisfait de cette espèce de carcasse, on procède à la couvrir de verre. Il faut commencer par enrouler l'aigrette sur tout le bâtis. Avec des pincettes, on saisit le fil de verre, on le fait traverser vivement le voisinage de la flamme et on l'enroule sur le fil de laiton sur lequel il se soude, et l'on couvre de cette manière toute la carcasse. Cette première enveloppe doit être donnée d'une même teinte, peu importe laquelle: il vaut cependant mieux faire cette assiette d'une couleur sombre; les travaux supérieurs n'en ressortiront que mieux.

L'assiette générale des travaux étant donnée, l'opérateur n'a plus pour ainsi dire qu'à peindre. C'est une espèce de mosaïque, où la fusion du verre fait l'office du ciment; ou bien, figurez-vous le peintre en cheveux, qui applique ses masses à la gomme. Ici, l'opérateur ayant, sur les côtés de sa banquette, disposé en petits tas distincts, et simulant la palette ordinaire des peintres, des fragmens de baguettes colorées plus ou moins gros, et qu'il peut d'ailleurs diviser à volonté, et suivant le besoin, à l'aide de ses pinces en acier; l'opérateur, disons-nous, cherche l'effet sur son sujet comme il le chercherait au pinceau : chacun des morceaux qu'il veut appliquer est d'abord présenté à la flamme de la lampe pour en ramollir considérablement l'extrémité, et pendant qu'elle est encore en fusion, l'opérateur la tenant au bout de ses pincettes l'applique sur le sujet qu'il tient de la main gauche, quand ce sujet n'est que d'un petit volume.

Il est bon d'abord de terminer les fonds sur toute l'étendue du sujet, et de ne passer aux détails et aux surcouches que successivement. Chaque surcouche doit, en général, se donner avec des baguettes, brins ou fils, de plus en plus déliés. C'est à la superficie du sujet, et quand il s'agit d'y figurer le poil des animaux, les cheveux, les parties les plus déliées et les plus délicates enfin, que l'adresse, la légèreté des doigts, deviennent de plus en plus nécessaires. La plus grande difficulté que l'on éprouve alors, est de ramollir suffisamment ces fils déliés pour les attacher sur le sujet sans les fondre. On n'a plus besoin que de les passer vivement à une petite distance du jet de la flamme : pour peu qu'on en approche de trop près, ils disparaissent en quelque sorte. Quand on en est arrivé à l'emploi des fils de verre très-légers, le mieux est d'abandonner la lampe à soufflet; il suffit alors d'un quinquet, et même pour finir, de la simple mèche d'une bougie ordinaire.

Pour de certains sujets, il vient enfin un instant où l'on ne serait plus du tout le maître des fils de verre ; on ne pourrait les coucher qu'avec la plus grande difficulté. Dans ce cas, il faut recourir à ce que les opérateurs appellent la *poudre admirable*, qui n'est cependant pas une véritable poudre, mais un amas de paillettes brillantes, de petites écailles d'une légèreté incroyable. Voici le procédé de cette poudre : on souffle un tube, après en avoir fermé et ramolli une des extrémités, comme il a été expliqué plus haut. La boule qu'on en forme doit être extrêmement dilatée, et ses parois très-minces. Ces minces parois se refroidissent instantanément, et alors on brise la boule, en la serrant entre une espèce de triquoise. Elle vole en myriades d'éclats nacrés, brillans, qui sont reçus sur une feuille de papier. Comme il n'y a besoin d'aucune régularité pour ces boules, destinées à être brisées immédiatement, on peut les souffler très-rapidement, et un long tube est bientôt converti en *poudre admirable.* On recueille celle-ci dans des boîtes, pour s'en servir au besoin. On en fait de toutes les nuances.

Pour attacher cette poudre, on l'introduit dans un tube un peu large, dont l'extrémité est percée en pomme d'arrosoir. On approche son sujet de la lampe, pour en ramollir la surface, et on souffle la poudre contenue dans le tube sur les parties qu'on en veut couvrir. Elle s'y attache solidement et avec la plus grande facilité. Cela termine ordinairement l'ouvrage. Selon le plus ou moins d'épaisseur donnée à cette application, et selon qu'on fait succéder une poudre à une autre, on parvient à représenter des objets très-divers : tantôt c'est le velouté des étoffes, tantôt le lustre des plumes d'oiseaux ; on imite de cette manière jusqu'au tissu d'une peau de pèche. Nous avons vu de ces fruits en verre, des prunes de Damas, des pétales de fleurs veloutés, dont l'imitation surpassait de beaucoup tous les travaux en cire, tant vantés pour l'illusion qu'ils font naître.

Chez les Américaines, citées plus haut, nous avons vu employer un procédé qui n'est peut-être pas en usage ailleurs, pour éviter le travail et la difficulté de faire en fil métallique des carcasses bien régulières pour soutien du verre. Elles modelaient en terre glaise ou argile figuline, les sujets délicats ou compliqués qu'elles avaient dessein d'exécuter. Ces modèles, séchés d'abord à l'ombre et ensuite au soleil, étaient placés dans le fourneau de fusion, entre les creusets. L'argile y cuisait bien. Au sortir du fourneau, elles passaient, au pinceau, un enduit très-léger de colle de farine sur les modèles, et pendant que cet enduit était encore mou, elles enfonçaient les modèles dans du verre pilé et tamisé un peu gros, dont les grains s'attachaient à l'enduit. Dans cet état, on remettait les pièces au fourneau où on ne les laissait que le tems strictement nécessaire pour que les grains de verre s'attachassent à la terre. Cela était suffisant pour le travail ultérieur; c'était sur ces grains attachés qu'on collait ensuite les baguettes pour la première couche du travail. Ce moyen permet de modeler, avec beaucoup plus de finesse et de régularité qu'on ne pourrait le faire en fil de laiton, le noyau ou carcasse des ouvrages à exécuter.

Le filigrane, pour les objets d'architecture, offre encore de moins grandes difficultés que celles que nous venons d'exposer. Aussi voit-on en ce genre des travaux de grande étendue et d'une rare perfection. Tout le monde a vu, entr'autres ouvrages, cette mosquée de sainte Sophie, de plus de dix pieds de longueur, que le propriétaire offrait à la curiosité de la capitale et des départemens pour une rétribution. Dernièrement encore un artiste a terminé et exposé à Paris, le tombeau d'Héloïse et d'Abailard, en verre filigrané. Le filigrane est principalement convenable à la confection des petits paniers, corbeilles, plateaux, vases à fleurs, etc. etc. dont les formes sont peu compliquées. Pour ces objets, il est très-facile d'établir une carcasse en fil de laiton; et il n'y a plus, pour commencer l'ouvrage, qu'à suivre le procédé d'enroulement du fil de verre ramolli, que nous avons indiqué ci-devant ; après quoi, dans l'intervalle des pièces de bâtis de la carcasse, on soude, d'un appui à l'autre, des baguettes de verre, dont on peut faire, à volonté, varier la couleur et la finesse.

De quelques Pièces en Verre qui peuvent se combiner avec le filigrane et le verre tiré en aigrettes.

Dans la confection des corbeilles, des plateaux, des vases pour ornement de cheminées, etc. l'on peut introduire soit des empreintes en relief, soit des dessins en creux et colorés. Tous ces mélanges sont susceptibles, par la variété qu'ils offrent, d'ajouter beaucoup à l'agrément des ouvrages.

Quant aux empreintes en relief, nous aurons occasion d'en parler à l'article des *pâtes de verre.* Mais ici nous allons donner un exemple du parti qu'on peut tirer des dessins colorés en creux, et indiquer un procédé prompt et économique pour les faire.

Si l'on ne pouvait se procurer des lames plates de verre de cristal dans le commerce, il n'y aurait qu'à souffler à la lampe un tube un peu gros et épais; allonger en forme de manchon cette boule, et pendant qu'elle est encore molle, la fendre avec des ciseaux dans le sens de son axe et la porter sur une brique dressée et polie au grès qu'on aurait préalablement placée dans le fourneau. La chaleur de celui-ci fera étendre le verre, et le manchon se déploîra sur la brique. On aidera à cet effet, à l'aide d'un spatule qu'on appuiera sur les parties saillantes; après quoi, pour achever l'aplatissement régulier du verre, on posera, à sa surface supérieure, une autre brique également dressée qui, par son poids produira l'effet désiré : on relèvera immédiatement cette seconde brique, et on laissera refroidir le verre dans le fourneau Quand il sera sorti du fourneau, on étendra au pinceau, sur l'une des faces, la couleur que l'on désirera, broyée bien finement, soit à la gomme soit à l'essence grasse. (Voyez l'article des couleurs et de leur emploi).

Cette plaque de verre sera passée au feu pour y attacher la couleur. (Voyez l'article des couleurs).

La couleur étant parfondue et la plaque dans un état de mollesse pâteuse, on la retirera de la mouffle et on formera, en creux, sur la surface colorée, les dessins qu'on pourra désirer. Cela s'effectuera au moyen de molettes en cuivre semblables à celles dont les relieurs et doreurs sur cuir font usage; puis on laissera refroidir lentement la plaque, toujours portée sur sa brique de support. Lorsqu'elle sera refroidie, on passera cette plaque de verre à l'émeri sur une glace dépolie bien dressée : par ce moyen, la superficie de tout ce qui sera resté en relief sur la plaque, se trouvera usée, la couleur enlevée, et le verre restera à nu dans ces parties. Il s'agira ensuite de donner le poli à ces parties découvertes, ce qui s'effectuera par le procédé ordinaire, avec un polissoir et de la potée rouge. De tout cela il résultera une plaque couverte de dessins légèrement renfoncés qui fera un très-bon effet. Cette plaque sera susceptible d'être divisée, au moyen du diamant qu'on appuiera sur son revers, et les fragmens pourront être courbés à la lampe de cent manières différentes, et soudés selon le besoin, à d'autres parties d'ouvrages. Nous avons vu en ce genre des choses charmantes.

Manière particulière de faire, avec promptitude, des ouvrages en verre imitant le filigrane.

Procédé. Soudez sur une planche de fer-blanc, avec l'alliage fusible de Darcet, du fil de cuivre très-fin, contourné selon les traits du dessin qu'il s'agira d'imiter. Vous formerez de cette manière une espèce de bas-relief que vous moulerez ensuite en plâtre. Ramollissez au fourneau, comme nous l'avons enseigné plus haut, une plaque de verre, saisissez-la avec des pincettes dans cet état de mollesse, et appliquez-la sur le creux du moule; pressez le verre avec un morceau de bois arrondi à son extrémité; faites-le pénétrer dans les cavités du moule, et placez celui-ci avec le verre dedans, dans l'étuve à recuire, et laissez refroidir lentement. Vous aurez, par ce moyen, un objet imitant parfaitement le filigrane le plus délicat, auquel vous pourrez souder à la lampe, s'il en est besoin, des anses, des pieds ou toute autre partie accessoire.

Les bornes qui nous sont tracées ne permettent pas de multiplier davantage es exemples des ouvrages qu'on peut exécuter à la lampe de l'émailleur, et nous croyons en avoir assez dit pour que chacun puisse varier ses travaux. En effet, ce sont toujours les mêmes principes, quelle qu'en puisse être l'application. L'adresse et le goût chez l'opérateur feront le reste. D'abord son travail sera lent et incertain, mais avec un peu de persévérance, il ne tardera pas à acquérir de la prestesse et de la précision. Cela fait de rapides progrès à mesure qu'on avance dans l'étude de la lampe.

Des empreintes en pâte de verre.

Les empreintes en verre peuvent être ou en creux ou en relief. Les premières ne sont guères propres à l'ornement: nous ne nous occuperons donc que des secondes.

Tout l'artifice de ce procédé consiste dans le choix de la matière à employer pour les moules. Une longue suite d'expériences a prouvé que le tripoli était la seule dans laquelle le verre en fusion pâteuse pouvait se mouler avec une parfaite netteté.

On doit employer de préférence le

tripoli dit de Venise. On le pile dans un mortier de fer et on le tamise finement. Plus le tripoli sera fin et mieux on réussira. Pour le corps du moule, il est possible d'en employer qui soit moins fin. On humecte celui-ci légèrement et on forme un petit gâteau qu'on manie long-tems et qu'on presse fortement avec les doigts. On remplit de ce tripoli humecté un petit creuset plat; de la profondeur de 7 à 8 lignes, et du diamètre qui convient pour la grandeur de la pierre qu'on a dessein de mouler. On presse le tripoli dans le creuset, puis on met par-dessus une couche de tripoli le plus fin. Il faut que celui-ci ait été broyé à la mollette sur la pierre à broyer ou sur une glace dépolie : il doit être en poudre inpalpable, douce au toucher comme le velours Cette seconde couche doit être assez épaisse pour suffire au relief à exprimer dans le sujet.

La pierre, ou tout autre sujet en relief qu'on voudra mouler, étant posée sur cette couche de tripoli le plus fin, de manière que le relief touche immédiatement la superficie du tripoli, on appuie dessus en pressant fortement avec les deux pouces. Le bon tripoli a cela de particulier qu'il est doué d'une sorte d'onctuosité qui favorise merveilleusement la netteté de l'empreinte. On aplatit ou bien on enlève avec le doigt ou avec un couteau d'ivoire, l'excédant du tripoli qui déborde le sujet. En cet état, on laisse reposer le moule jusqu'à ce qu'on juge que l'humidité du tripoli de la première couche ait pénétré la deuxième couche fine et sèche. Ce délai est nécessaire pour que toutes les parties du moule soient bien liées et ne fassent plus qu'un corps. Avec un peu d'habitude on saura juste le tems que cela demande. Il faut, pour lors, séparer le sujet d'avec le tripoli. Pour cela, on enlève un peu avec la pointe d'une aiguille enchâssée dans un petit morceau de bois; et l'ayant ébranlé, on renverse le creuset; le sujet tombe de lui-même et laisse gravé dans le moule tout son relief. Il faut ensuite laisser sécher ce moule dans le creuset, à l'ombre et dans un endroit fermé, à l'abri de la poussière, qui pourrait en gâter l'impression.

Quand le tout sera parfaitement sec et qu'on se sera assuré du bon état, on prendra un morceau de verre; on le taillera de la grandeur convenable; on le posera doucement et avec précaution sur le moule de tripoli, crainte d'affaisser les bords du creux. On approchera du fourneau le creuset ainsi couvert de son morceau de verre, pour qu'il s'échauffe peu à peu, jusqu'à ce qu'on ne puisse plus y porter les doigts sans se brûler. Il est tems, pour lors, de l'enfoncer dans le fourneau.

On observera par la lorgnette de l'ouvreau ce qui se passera avec le verre. Quand il commencera à devenir luisant, on pourra juger qu'il est assez ramolli pour souffrir l'impression : il ne faut pas tarder, de ce moment, à retirer le creuset du fourneau, et sans perdre de tems, armé d'un spatule en fer un peu flexible, on pressera sur le verre pour y imprimer la figure moulée dans le tripoli. L'impression finie, on aura attention de remettre le creuset auprès de l'entrée du fourneau, dans un endroit médiocrement chaud, et où le verre, à l'abri d'un courant d'air froid, puisse, de crainte qu'il se brise, éprouver ce qu'on appelle le *recuit*.

Nous avons parfaitement réussi dans ces sortes de travaux, en substituant au tripoli la stéalité du Piémont, appelée dans le commerce craie de Briançon, réduite en poudre fine à la molette et traitée absolument comme on l'a dit à l'égard du tripoli.

Pour des sujets un peu étendus, nous avons aussi employé l'argile kaolin bien lotionnée et totalement privée de parties sableuses.

Ceci présente l'avantage de pouvoir faire un moule qui, étant cuit avant qu'on n'applique le verre dessus, est d'une manœuvre plus facile et moins sujette à accident. Le verre s'en détache également bien; mais quelque soin que nous ayons pris de corroyer la pâte d'argile, pour en resserrer les pores, jamais nous n'avons pu obtenir sur le verre des reliefs aussi polis et aussi pleins qu'en employant le tripoli ou la stéatite.

Des Dessins en Paysage, Herborisations, etc. que l'on peut former entre deux verres réunis par la fusion.

Les Allemands s'occupent beaucoup de ce travail, et on a vu des morceaux très-remarquables en ce genre. Le procédé en est simple et facile quand il ne s'agit que de l'appliquer à des surfaces planes.

Au traité des *Couleurs*, on trouvera l'indication de celles propres à ce genre. Nous ne nous occuperons ici que du procédé d'application.

D'abord, on peint son sujet sur un verre plat, que l'on dépolit en le passant à l'émeri, afin de rendre le travail plus facile. Ce verre est ensuite placé dans le fourneau, porté sur une brique bien cuite, bien dressée, et presque polie. On applique sur ce verre peint un autre verre qui recouvre exactement le premier; et la brique portant les deux plaques reste dans le fourneau. On charge le tout d'une autre brique semblable à la première; on donne la chauffe, ayant attention de retirer de tems à autre des *montres* du four, pour s'assurer de l'état de ramollissement plus ou moins avancé du verre. Il ne faut pas, pour notre travail, une fusion trop grande, qui noyerait la couleur et nuirait à l'exactitude du dessin. Il est nécessaire seulement d'une chaleur capable de souder ensemble les deux plaques. Pour hâter cet effet, on charge assez fortement la brique supérieure avec une ou plusieurs autres briques.

Après le refroidissement du fourneau, et quand on en retire les plaques de verre, les deux ne semblent plus en faire qu'une, et le dessin semble faire partie de la masse où il se voit à l'intérieur. Mais il est indispensable de polir, soit l'une seulement ou les deux faces du verre, car dans le fourneau il perd inévitablement son poli primitif.

On peut varier beaucoup l'effet de ces dessins, soit en peignant sur une plaque déjà colorée, recouverte d'un verre blanc, soit en peignant une partie du sujet sur l'une des plaques, et l'autre partie sur la seconde plaque. En général, hormis dans ce dernier cas, la plaque destinée à recouvrir le dessin, et au travers de laquelle il se laisse apercevoir, doit être tenue beaucoup plus mince que celle du fond; mais cette différence ne doit être que le résultat d'un enlèvement de matière plus grand lors du doucissage et du polissage; car pour que le soudage s'opère bien régulièrement, il est toujours bon d'abord de ne joindre ensemble que des plaques d'égale épaisseur et d'une fusibilité égale.

On a tenté aussi d'imiter, au moyen de la soudure du verre, les camées tirés des pierres naturellement bi-colorées. Cela offre quelques difficultés, mais on les surmonte avec de l'attention et de l'adresse. D'abord on se procure une empreinte de verre, de couleur quelconque, par le procédé que nous avons indiqué plus haut. Il faut, pour réussir, que cette empreinte, tête ou autre sujet, ait été formée du verre le plus dur, le moins fusible qu'il sera possible de traiter dans notre fourneau : le verre sur lequel il s'agira de fixer l'empreinte, et qui sera d'une autre couleur, doit se choisir, au contraire, parmi les plus fusibles. Après avoir paré au touret ou sur la glace à l'émeri les bords des deux pièces à souder, on applique entre elles une poudre fine, délayée à la gomme, d'une composition extrêmement tendre et de la plus grande fusibilité, telle, par exemple, que celle-ci : borax calciné, 3 parties; nitre, 2 parties; minium, 6 parties; oxide de bismuth, 6 parties; sable siliceux, 2 parties : le tout préalablement fondu, pulvérisé et lavé. Pour garantir encore davantage l'empreinte de l'atteinte du feu, on la recouvrira d'une pâte de craie délayée dans de l'eau. Tout étant ainsi disposé, on introduira le sujet dans le fourneau, et on restera extrêmement attentif au progrès de la fusion. Pour juger du moment précis où il conviendra de retirer l'empreinte sur le devant du fourneau, à l'aide des pincettes appelées *brucelles*, on aura soin de placer à côté du sujet des petites soucoupes contenant, en plusieurs portions, du fondant indiqué ci-dessus. D'instant en instant on retirera du feu, comme *montre*, une des soucoupes. Aussitôt qu'on y trouvera le fondant complétement ramolli, il faudra retirer l'empreinte qui, étant refroidie, sera débarrassée par le lavage de la craie qui la recouvrait. Les deux parties se trouveront très-exactement soudées, et il sera impossible d'y distinguer le point de jonction. Mais comme dans cette opération le verre inférieur aura perdu son poli, il faudra le lui restituer. A la fin de cet ouvrage, nous indiquerons un procédé expéditif pour polir toutes ces petites pièces de verre.

De l'Incrustation dans le verre.

Tout le monde connaît les charmans

ouvrages en ce genre qui se sont multipliés avec profusion depuis quelques années. Quelque étonnans qu'ils paraissent, le procédé n'en est pas moins simple et facile.

Les figures d'un blanc nacré sont moulées dans des moules en plâtre, à la manière des figures en biscuit de porcelaine. Voici une composition pour la pâte de ces sujets : sable de Nevers lavé et bien séché, 20 parties ; soude d'Alicante pulvérisée, 6 parties. Ces deux substances ayant été très-exactement mélangées, on les place dans un creuset dans l'*enfer* d'un four de faïencier. Au sortir du four, le mélange a l'aspect d'un émail très-opaque ou biscuit de porcelaine d'une teinte particulière que l'on recherche ; car un blanc très-pur n'aurait pas de jeu dans le verre. Nous avons indiqué le four de faïencier, parce que cela peut souvent être très-commode ; mais notre fourneau de travail convient aussi très-bien à la préparation de cette espèce de fritte, qui n'exige guère que 28 à 30 degrés de température au pyromètre de Wedgwood.

On pulvérise et tamise finement la fritte ; on en mélange de 5 à 6 parties avec 2 parties de marne blanche et bien sèche. On broye à l'eau le mélange qui acquiert une certaine ductilité, et permet le moulage, après qu'on l'a fait ressuyer, pendant quelque tems, sur une pierre en plâtre. Au sortir de dessus la pierre, cette pâte est fortement battue et long-tems corroyée dans les mains, pour lui communiquer du liant et l'élasticité convenable pour un moulage exact et régulier.

On ne doit se servir que de moules bien propres, bien essuyés au pinceau; car s'il se portait quelque parcelle de substance décomposable par la chaleur, de poussière végétale, sur la pièce moulée, il en résulterait infailliblement dans le verre quelque soufflure fort désagréable.

On presse la pâte dans le moule; on enlève les rebarbes au couteau, et environ une heure après, on donne une secousse au moule pour en détacher la pièce que l'on reçoit sur un cuir mollet. Elle doit offrir une grande netteté pour être mise en œuvre avec succès.

Il convient de faire sécher à l'ombre les figures moulées. Lorsqu'elles sont sèches, on les *rachève*, pour donner plus de délicatesse aux traits, etc., d'une manière analogue au moulage de la porcelaine. Pour cela, il faut faire usage d'outils déliés et mousse en bois, et du pinceau à l'eau.

Pour ne pas s'éclater au moment de l'incrustation dans le verre, les pièces ont besoin d'une demi-cuisson qui peut très-commodément leur être donnée dans notre fourneau. Mais on a remarqué que, pour que ces figures ne jaunissent pas dans l'opération, et ne s'amaigrissent pas, il faut éviter de les placer dans le four sur des tuiles argileuses ordinaires. Les briques de support doivent être composées de marne et de sable; ou bien on peut les poser dans des soucoupes de porcelaine.

Pour le biscuit des figures, il ne faut pas une température supérieure à 22 degrés de Wedgwood. Il suffit qu'elles ne cèdent plus à l'action de l'ongle.

La matière la plus propre à l'incrustation des figures de petit volume, les seules dont il soit ici question, est bien commune; ce sont les fonds de verre de cristal cassés. A leur défaut, l'on pourrait se servir de salières ou autres pièces de forme à peu près semblable. D'autre part,

on a dans le fourneau du cristal en fusion dans un creuset.

On place les culs de verre dans le fourneau, pour leur donner une demi-fusion, et les pièces à incruster sur une tuile, dans le même fourneau, pour les faire rougir. On retire le cul de verre quand il est au degré convenable : on le soutient sur une palette en fer. De l'autre main, l'on retire la figure, on la tient avec des pincettes ; on l'appuie sur le verre dans la partie où l'on veut que l'incrustation ait lieu ; puis, sans perdre de tems, on cueille du verre avec une pochette, ou cuillère de fer ou de cuivre, et on le verse sur la figure attachée au cul du verre. Ce verre, beaucoup plus liquide que le support, enveloppe de toutes parts le sujet, et fait corps avec le cul du verre ramolli. On ajoute à cet effet, en pressant dessus au moyen d'une spatule, et quand on voit que les deux verres sont soudés de manière à ne plus former qu'une masse homogène, on introduit sa pellette avec la pièce dans le four de recuisson.

La pièce étant recuite et refroidie, il

ne sagit plus ensuite que de la faire tailler et polir.

Des Perles artificielles.

La matière première principale du travail des perles artificielles, est un tube d'un verre très-fusible, auquel on a donné le nom de *girasol.*

Il y a aussi de ces tubes de verre parfaitement transparent destinés au travail des perles, dans lesquels on a dessein d'introduire, soit la *semence d'orient*, soit la *poudre admirable* de verre, soit un alliage métallique sous forme d'amalgame, et il y a aussi des tubes d'un verre demi-opaque, et coloré à l'imitation des perles naturelles.

La différence qui existe entre ce qu'on appelle les perles communes, et les perles en *beau*, et même en *grand beau*, ne dépend que du travail plus ou moins parfait, plus ou moins soigné; car pour les unes et les autres, on emploie les mêmes tubes de *girasol.*

Pour le travail en *commun*, l'opérateur prend un tube dont le calibre soit proportionné à la grosseur des perles qu'il se propose de souffler; il le présente par le bout à la flamme de sa lampe, il l'y meut, le promène, comme nous l'avons indiqué ci-devant dans les principes du travail à la lampe, pour former une boule de verre. Dès que le tube est devenu susceptible du développement nécessaire, il faut promptement le retirer, en porter l'autre extrémité à la bouche, et souffler dedans. Le globe étant formé, on le détache par deux ou trois petits coups de lime; cette petite sphère tombe dans un récipient auquel on a donné le nom de *carton*.

La perle ne peut pas encore, dans ce premier état, être mise en œuvre; il s'agit maintenant de la *border*, c'est-à-dire, d'adoucir, par la fusion, les angles ou arêtes coupantes de celui des trous qui n'a pas été directement exposé à la flamme. Mais on ne passe à cette seconde opération que lorsqu'on a une certaine quantité de perles soufflées. Le *bordage* consiste à présenter à la flamme d'une lampe d'émailleur le trou ou œil de la perle, et à l'y maintenir un instant par le moyen d'un crochet de verre dur, dont on a fiché la pointe dans le trou opposé. Un homme occupé sans cesse, peut souffler par jour jusqu'à six mille perles dans le commun.

Pour le soufflage en *beau* et *grand*

beau, qui ne diffèrent que par le soin qu'on y apporte, et par le plus ou moins de rapidité du travail, il faut, comme pour le *commun*, ramollir son tube à la lampe, et souffler pour en dilater l'extrémité; mais le perçage et le coupage sont différens. Pour le perçage, le souffleur prend avec la main gauche, le tube qu'il tenait auparavant de la droite, et de celle-ci saisissant un tuyau semblable au premier, il le chauffe, et le pose ensuite sur la perle où il s'attache; puis, un instant après, donnant un petit coup sec du troisième et du quatrième doigts de la main droite, contre le tube que soutiennent le pouce et l'index de la même main, il arrache, par ce moyen, une pièce de la perle; car étant plus mince que le tube, elle n'a pu résister au choc qu'on vient de lui faire éprouver.

Avec promptitude, le souffleur approche cette ouverture de la pointe de la flamme afin de l'y *border*, tandis que l'autre main, armée du tube qui a servi comme d'emporte-pièce, le présente au centre du feu, et procède comme ci-dessus à l'effet de souffler une seconde perle: mais cette fois l'artiste, après l'avoir soufflée, abandonne le tube entre ses lèvres; et, pendant que la main droite se trouve libre, il s'en sert pour prendre la lime d'émailleur et séparer la première perle d'avec le tube auquel elle était encore adhérente : puis, ayant posé l'instrument, la même main s'empare du tube qui vient d'être séparé de sa perle, et sa gauche ayant repris celui resté dans sa bouche, la seconde perle se trouve précisément dans la même position où était la première lorsqu'on l'a *bordée*.

Tout cela produit des perles unies, lisses et assez rondes; mais comme les perles naturelles sont loin d'avoir cette uniformité, et que, pour une imitation plus fidele, il est nécessaire de s'en écarter, l'on tâche à faire ce qu'on appelle des *perles baroques*. Le premier moyen consiste à presser en différens endroits la perle encore chaude et flexible contre le bout d'un tube de verre dur et froid pour altérer le poli et la forme.

Le second moyen, plus recherché que le précédent, s'emploie pour ce qu'on appelle la perle de *grand beau*, c'est-à-dire, celle *imitant le fin*, laquelle est soufflée avec du cristal teint, dont la couleur imite véritablement celle de la pierre fine appelée *girasol*. Le souffleur approche de la flamme jusqu'à trois ou quatre reprises, la perle encore adhérente à son tuyau. Il ne présente à chaque fois qu'un point de la circonférence, lorsque la chaleur a amolli le globule en cet endroit. Si l'on souffle alors dans le tube, la matière cède tant soit peu, et forme une petite élévation, et même la couleur de girasol disparaît. On tâche de faire naître ainsi plusieurs *accidens* de cette sorte sur la même perle; après quoi on la sépare du tube et on la *borde*.

Couvrir une Perle ou la mettre en couleur.

Dans le langage du patenôtrier, c'est enduire la perle à l'intérieur de ce qu'on appelle l'*essence d'Orient*.

L'essence d'Orient est une matière nacrée, fournie par l'ablette, petit poisson du genre *cyprin*, à la pêche duquel on ne se livre guères que pour cet objet. Cette substance se trouve principalement à la base des écailles. Pour l'obtenir, on presse les poissons entre les mains, et on reçoit les écailles, qui s'en détachent avec beaucoup de facilité, dans un baquet plein d'eau; lorsqu'on a réuni une certaine quantité de ces écailles, on agite l'eau, on frotte les écailles entre les mains pour en détacher la matière nacrée, on laisse en repos le fluide pendant quelque tems, puis on décante. On enlève ainsi par lavage et décantation, toutes les parties gélatineuses, muqueuses et sanguinolentes, et l'on jette le résidu recueilli au fond du vase, sur un tamis très-clair : la matière nacrée passe avec l'eau, et les écailles restent sur le tamis. On répète encore deux ou trois fois la même manipulation, pour les dépouiller complétement de la membrane nacrée. Les lavages étant terminés, on décante l'eau claire, et on recueille soigneusement le liquide visqueux qui reste au fond; il est d'un blanc bleuâtre, et d'un aspect nacré et brillant. Tous les poissons sont susceptibles de fournir de l'essence d'Orient, mais ce sont les *ablettes* qui l'offrent en plus grande abondance.

L'essence d'Orient, lorsqu'elle a été bien préparée, offre absolument l'aspect et les reflets des perles d'orient ou de la nacre la plus pure. Malheureusement elle est extrêmement susceptible de putréfaction, et ce qu'il y a d'assez singulier, c'est qu'une addition d'ammoniaque retarde beaucoup cet effet.

Pour faire servir cette substance remarquable dans la fabrication des perles, il faut la délayer dans une solution clarifiée de colle de poisson, de première qualité, puis à l'aide d'un petit chalumeau en verre, on en introduit une goutte dans l'intérieur de la perle de verre, qu'on roule aussitôt dans tous les sens. *L'essence d'Orient* est extrémement coulante et mobile, et elle ne tarde pas à couvrir toute la superficie interne de la petite sphère. On procède ensuite à une prompte dessication.

La beauté des perles dépend principalement des proportions dans le mélange de *l'essence* avec la colle de poisson. Comme la première de ces deux matières est toujours d'un prix très-élevé, on ne cherche que trop souvent, au détriment des perles, à en diminuer beaucoup l'emploi.

Il faut que la liqueur soit un peu tiède lorsqu'on s'en sert, pour ajouter à sa fluidité.

On souffle pour divers usages, tels que

garnitures de médaillons, etc., etc., des perles d'un très-petit volume, auxquelles on a donné le nom de *semence de perles*. La ténuité de celles-ci ne permet pas d'y introduire l'essence d'Orient en prenant chaque perle entre les doigts une à une. On a recours à un moyen plus expéditif. On jette une assez grande quantité de cette *semence* à la fois sur des plaques de fer qui ont des rebords, et qu'on agite jusqu'à ce que, par une suite de la forme sphéroïde aplatie des grains, ils cessent de rouler sur la plaque, et présentent naturellement en haut l'un des yeux : c'est à ce moment qu'on y peut placer commodément la pointe du chalumeau; mais on est forcé de remplir en entier le globule de l'essence d'Orient, et c'est ce qui contribue à augmenter le prix de la *semence de perles*. On peut à volonté colorer l'essence d'Orient avant de l'introduire dans les perles; mais en général, il vaut mieux conserver la couleur naturelle de l'essence qui s'approche davantage de celle des perles véritables.

Après que les perles ont été ce qu'on appelle *couvertes*, c'est-à-dire que l'essence d'Orient y a été introduite, il s'agit de *mettre en cire*. Cette dernière opération consiste à les *remplir* et à les *percer* ensuite pour les cartonner.

On commence par fondre de la cire-vierge dans un vaisseau large d'ouverture; puis ayant mis une bonne quantité de perles sur une écumoire, on la plonge dans ce bain, on retire l'écumoire lorsque la cire a rempli la cavité des perles; puis on dépose celle-ci sur une table en y renversant l'écumoire. On désunit les perles à l'aide d'un couteau, et on les promène rapidement entre les mains pour en séparer le gros de la cire; mais pour achever de les nettoyer, il faut les tenir pendant quelques heures dans un linge mouillé, et les frotter de nouveau; alors toute la cire extérieure s'en détache.

Lorsque les perles ont été mises en cire, on les *perce* avec des aiguilles montées sur des petits manches. La seule précaution qu'exige ce travail, consiste à tenir les perles dans des vaisseaux de fer ou de terre placés sur de la cendre tiède, ou mieux dans une casserole plongée à l'extérieur dans l'eau tiède, ou sur un bain de sable légèrement chauffé. A ce moyen, la cire étant un peu ramollie, l'instrument pénètre plus facilement et traverse la perle dans le sens de son axe.

Pour le *grand beau*, on ne s'en tient pas là : il faut *cartonner* les perles, afin que les fils *d'enfilage* ne s'attachent pas à la cire. Rien de plus facile que ce *cartonnage*. On roule sur des brochettes minces et pointues, de petits morceaux de papier très-fins et taillés de façon qu'il en résulte des cônes très-allongés. Ce sont ces cônes d'un pouce ou d'un pouce et demi que les patenôtriers désignent sous le nom de *cartons*. Pour cartonner une perle, on place une aiguille dans ces cônes qui deviennent alors en quelque sorte les gaînes ou les fourreaux, et on perce autant de perles qu'on en peut placer sur le prolongement de chaque cône ou *carton* ; puis, après avoir retiré l'aiguille, on sépare les perles de leur axe commun, à l'aide de ciseaux, et l'on retranche le papier qui en excède le canal intérieur.

Les perles ne se couvrent pas toujours seulement avec de l'essence d'Orient. Principalement quand elles ont un certain volume, on a d'autres moyens moins coûteux de leur donner des nuances très-agréables; 1° par une espèce d'étamage; 2° par des poudres colorées ; 3° par des feuilles métalliques; 4° par l'application d'écailles brillantes du verre de différentes couleurs, dont nous avons parlé ci-devant sous le nom de *poudre admirable*.

L'étamage consiste à introduire, à l'état liquide, dans la capacité de la perle, un mélange d'un quart d'once d'étain et même quantité de plomb fondus ensemble dans un creuset, auquel on joint ensuite demi-once de bismuth. Le creuset étant retiré du feu, lorsque la matière sera presque froide, on y introduira peu à peu une once de mercure bien pur.

Il est nécessaire de chauffer légèrement la perle ou boule de verre qui doit être, à l'intérieur, bien nette et bien sèche. On y fera entrer, à l'aide d'un petit entonnoir en verre, l'amalgame ci-dessus, bien doucement. On roulera ensuite la perle dans ses mains, afin que l'amalgame *étame* et s'étende également partout. On fera ensuite couler l'excédant de l'amalgame qui ne se sera pas attaché.

Avec des poudres coloriées, on peut donner aux perles soit des nuances uniformes ou des couleurs variées. Il suffira

pour cela de les remplir d'abord d'une solution de belle colle de poisson; de les laisser ensuite à moitié sécher, et d'y insuffler ensuite des poudres coloriées bien fines, qui s'attacheront à la colle.

Avec des feuilles d'or et d'argent, ou vrai ou faux, selon le prix qu'on voudra attacher aux perles, on pourra également les doubler. Pour cela il faudra d'abord encoller, et ensuite introduire des morceaux de feuilles métalliques et agiter fortement la perle.

Avec la poudre admirable de verre, il faudra également encoller l'intérieur de la perle, et y insuffler ensuite la poudre.

Dans tous ces quatre procédés, on sera maître de *mettre en cire* et même de cartonner si on le juge convenable.

L'étamage dont nous venons de parler, ainsi que les autres décorations des perles soufflées, peuvent s'appliquer également, et même avec plus de facilité, à des sphères creuses de verre, d'une plus grande capacité, ainsi qu'à des flacons et autres vases.

Des Chapelets, Colliers et Patenôtres en verre coloré, appelés rassades.

Indépendamment des perles fausses, on peut aussi souffler une multitude de petites sphères pour colliers et autres ornemens en verre colorié, transparent, opaque ou opalin. Le procédé du soufflage et du *bordage*, dont il a été parlé plus haut, est absolument le même que pour les perles.

Il y a en outre des parties de tubes très-courtes, simplement coupées à la lime, ou même cassées à la pince, qui servent pour tous ces petits ouvrages enfilés et tissus en bourses, sacs de dames, etc. etc. Ces petits fragmens sont *bordés* à la flamme de la lampe. D'autres sections de tubes n'exigent même pas le travail du *bordage*, ce sont principalement les ornemens imitant le jai, employés pour les garnitures de deuil, des chapeaux de femmes, etc. etc.

Des Colliers, Chaînes, Chiffres, Entrelacs.

D'après ce que nous avons dit, ci-devant, de la manière de filigraner le verre, il est facile de concevoir qu'on peut, avec promptitude et sûreté, en former toute espèce de chaînettes et de maillons, et par conséquent se procurer des chiffres, colliers, devises, emblèmes, etc. pour lesquels on pourra varier toutes sortes de combinaisons de couleurs différentes, et qui n'auront d'autre inconvénient que leur grande fragilité. Mais la rapidité du travail, sa facilité, et le bas prix de la matière, pourront engager à s'occuper de ces ornemens. En moins d'une heure de travail, et avec moins de trente sous de matériaux, une dame pourra se préparer, pour un bal, les ornemens d'une parure du plus grand éclat et de la plus grande élégance.

De la Gravure sur verre par le moyen de l'acide fluorique.

L'acide fluorique jouit de la singulière propriété de s'emparer de la silice avec la plus grande avidité et de former avec elle un composé gazeux; aussi attaque-t-il avec rapidité le verre siliceux pour lui enlever cette base. On a cherché à tirer parti de cette action; et déjà l'on en a obtenu quelques effets utiles pour la gravure des étiquettes sur les flacons de verre, et même pour quelques objets d'art, où l'on ne recherche que des teintes plates.

Cet acide, qui cède presque toutes les bases dans lesquelles il peut se trouver engagé à l'acide sulfurique, se retire, par le moyen de ce dernier, d'un minéral où il est combiné avec la chaux, et qui, sous le nom de *Spath fluor* (fluate de chaux des chimistes; chaux fluatée de quelques minéralogistes), a pendant longtems occupé l'attention de plusieurs savans, et dont on n'a cependant connu la nature intime que beaucoup plus tard.

Voici le procédé de son application à la gravure du verre. On réduit en poudre le spath fluor, qui est assez abondant dans la nature et à bon marché; on le met dans un vase de plomb d'une forme relative à celle du corps que l'on veut soumettre à l'action de l'acide gazeux qui doit s'en dégager. On délaye la poudre de spath avec le double de son poids d'acide sulfurique concentré, et on superpose la pièce de verre; c'est ainsi qu'on peut dépolir en très-peu d'instans ces globes de cristal dont on se sert pour les lampes, les verres à qninquets, etc., etc. Quand il s'agit, non de dépolir toute une surface, mais seulement de tracer quelques figures dessus, on enduit la partie sur laquelle on veut diriger le gaz pour y graver, d'une couche d'une espèce de mastic composé de trois parties de cire jaune et d'une partie de térébenthine ordinaire : on grave ensuite sur le mastic, en enlevant, à l'aide d'une pointe bien arrondie et pas trop aiguë : on découvre ainsi le vere par places, d'une manière bien nette, ce qui est essentiel pour que l'acide morde également sur tout le dessin. Quelquefois on emploie l'acide liquide, et pour lors on suit absolument le même procédé que pour la gravure à l'eau-forte sur cuivre; c'est-à-dire qu'après avoir verni son verre, avoir tracé ou décalqué le dessin sur le vernis, et gravé à la pointe, on entoure le verre d'un petit bourrelet de mastic, puis on verse ou coule l'acide fluorique à la manière de l'eau-forte. Quand on juge que l'acide a suffisamment mordu, on le renverse, on lave la planche, et on la chauffe légèrement pour enlever le vernis. On peut ensuite la nettoyer plus complétement avec une forte lessive alcaline.

La préparation de l'acide fluorique liquide exigeant un appareil assez compliqué, lorsqu'on voudra s'en servir dans cet état, le mieux sera d'en faire acheter chez les fabricans de produits chimiques : il n'est pas très-cher.

Il est bon de savoir que cet acide, à cause de la promptitude avec laquelle il attaque le verre, la porcelaine, le grès, etc., pour s'emparer de la silice, doit être conservé dans des vases de plomb.

CHAPITRE II.

DE LA GRAVURE DU VERRE AU TOURET.

Voici, sans contredit, le genre de gravure sur verre susceptible de produire les effets les plus agréables, et qui ouvre même une carrière distinguée aux artistes; mais c'est aussi celui qui exige le plus d'étude et une main plus exercée.

Nous avons décrit en masse, au commencement du premier volume, l'appareil qui compose le touret : nous aurons bientôt occasion de l'examiner plus en détail, ainsi que les divers outils qui concourent à son effet.

D'abord, considérons l'artiste assis sur son siége, ayant le pied droit posé sur la pédale située sous la table; il lui imprime le mouvement qui se communique à la manivelle que la pédale fait agir, en se haussant et se baissant, et cette manivelle fait tourner avec elle la roue de bois. Une corde à boyau, plus unie et plus durable que les cordes de chanvre, et par conséquent d'un meilleur usage, circule dans le fond d'une rainure ou gouttière, pratiquée dans l'épaisseur et le long de cette roue, et va, en passant par deux petits trous carrés, ouverts dans le dessus de la table, embrasser une autre petite roue qui fait partie de la machine appelée *touret*, que nous décrirons bientôt. Mais comme il arrive presque toujours que la corde s'allonge ou se raccourcit suivant l'état de l'atmosphère, et que, pour la remettre dans sa juste proportion, il faudrait souvent interrompre son ouvrage, il est bon de pratiquer jusqu'à trois rainures sur l'épaisseur de la roue de bois, qui iront par degrés de profondeur, et faisant passer la corde trop lâche de la rainure profonde dans celle qui l'est le moins, elle se trouvera tout d'un coup au degré de tension qu'elle doit avoir; ce qui est d'autant plus commode que cela fait gagner du tems.

Passons maintenant à l'examen de

toutes les pièces du *touret* supérieur. Cette petite machine est élevée sur un pied solide et d'une seule pièce, à 5 ou 6 pouces de distance de la surface de la table, et elle y est attachée fortement au moyen d'un fort écrou qui embrasse, sous la table, la tige du pied qui sert de soutien au touret, et l'y assujétit de façon qu'il ne lui est pas possible de vaciller : car c'est à quoi il faut avoir une singulière attention. Le corps de la machine est enveloppé d'une chape à laquelle on peut donner la forme d'un petit tonnelet, et qui, ainsi que le pied, est de cuivre ou de tel autre métal qu'on voudra employer. Ce tonnelet est divisé en deux parties; l'une qui, semblable à un chapeau, se lève et se remet en place suivant que le besoin l'exige; l'autre, adhérente au pied, est immobile, ayant dans chaque face une ouverture qui laisse un passage libre à la corde qui fait tourner le touret. Le touret consiste principalement en une petite roue d'acier, épaisse de trois lignes et de quinze lignes de diamètre, et solidement montée sur un arbre aussi d'acier, de 5 lignes et demie de grosseur et de 3 pouces 8 lignes de longueur. La roue est debout, et l'arbre, ou si l'on veut, l'essieu, est couché horizontalement; ses deux bouts étant enfermés et roulant dans deux collets d'étain qui se trouvent engagés dans des pièces de cuivre de trois lignes d'épaisseur, mises debout chacune à la distance de 8 lignes de la roue, à peu près dans la même disposition que les lunettes des tourneurs ou les chevalets des serruriers. Toutes les pièces qui composent la machine sont susceptibles de se démonter, en se rejoignant par le moyen de vis qui les tiennent assujéties.

L'un des bouts de l'essieu de la roue, celui qui sort du collet, à la main gauche de l'artiste, avance en saillie de 2 lignes hors du tonnellet, et sur sa tête est soudée une petite platine d'acier, contre laquelle s'applique et s'ajuste, au moyen de trois vis, une autre platine aussi d'acier : à celle-ci, qui est presque du même diamètre que la précédente, est jointe une tige ou canon d'acier, qui prolonge l'essieu d'environ 9 lignes, et qui est destiné à recevoir les outils avec lesquels on doit graver. Mais quoique la longueur de cette tige paraisse avoir été fixée à 9 lignes, il ne faut cependant pas regarder cette mesure comme invariable, attendu que la proportion de cette tige et celle des outils changent suivant la grandeur des ouvrages.

Pour que les outils puissent se loger dans cette tige, elle est percée dans toute sa longueur, et cette forure, qui est carrée, a un peu plus d'ouverture à son entrée que dans le fond, afin que les outils dont la tige ou la soie est elle-même carrée, et va en diminuant, s'y enclavent plus étroitement; et même afin qu'ils ne puissent vaciller en aucune façon, ils sont encore affermis dans ce canal avec une ou deux vis : ces vis appuient sur une des cornes de l'outil, qui est un peu abattu en chanfrein, et elles les tiennent ainsi en état.

Tous les outils dont on se sert pour graver, quelque grands ou petits qu'ils soient, seront de fer doux non trempé, ou de cuivre jaune. La longueur qu'il convient de leur donner est dépendante de la grandeur de l'ouvrage : cependant, ils ont assez ordinairement 15 lignes, savoir : 9 lignes pour la soie ou la partie de l'outil qui doit entrer et s'encastrer dans l'ouverture de la tige destinée à la recevoir; et cette soie, ainsi qu'on l'a déjà fait remarquer, sera carrée, allant en diminuant comme un long clou, et sa grosseur étant proportionnée à la susdite ouverture. Les autres 6 lignes seront pour la partie de l'outil qui se porte en avant, et dont la tige doit être ronde. Ces outils sont diversement configurés dans leur partie agissante. Les uns, qu'on appelle des *scies*, ont à leur extrémité la forme d'une tête de clou, quelquefois très-plate, et, en d'autres occasions, un peu plus épaisse, mais toujours bien tranchante sur ses bords : d'autres, en plus grand nombre, ont une petite tête exactement ronde comme un bouton; on les nomme *bouterolles*. Ce bouton, dans quelques-uns, est coupé par la moitié, et devient, à ce moyen, tranchant sur ses bords : tantôt il présente une tête convexe, et tantôt une tête plate; on peut appeler ces outils *demi-ronds*. Le bouton qui termine ceux qu'on nomme *plats*, ne se peut pas mieux comparer qu'à une petite meule, aussi appelle-t-on quelquefois ceux-ci *molettes*, et ceux qui portent le nom de *charnières*, ont pour petite tête une manière de virole ou emporte-pièce. De tous ces outils, ce sont ceux dont le graveur fait le moins d'usage. Ils ne sont propres qu'à enlever de grandes pièces ou à percer le verre. Il y a encore des outils qui se terminent en pointe mousse, et de toutes ces différentes espèces, le graveur en fait tourner ou en tourne lui-même de divers calibres, pour les employer de la manière que l'exige l'ouvrage.

Personne n'est plus en état que le graveur lui-même d'imaginer et d'exécuter tout ce qui lui est nécessaire à cet égard, et il ne doit pas aller chercher loin de lui, du secours pour une opération qui n'a rien que de simple et de facile. Il n'est question que d'avoir un support, pour appuyer le burin contre l'ouvrage que l'on veut tourner soi même sur le touret, et voici de quelle manière ce support peut être construit. On fera forger une tringle de fer polie, carrée, et longue d'environ 6 pouces, laquelle sera coudée à une de ses extrémités pour lui servir, étant dressée, de point d'appui, tandis que l'autre extrémité ira passer dans une ouverture pratiquée à cet effet dans le pied du touret, où on la contiendra au moyen d'une vis, et sur cette tringle on établira un petit étau ou support, dont le pied embrassera la tringle, et qui, étant fait en coulisse, s'y promènera et s'y maintiendra au point où on le désirera, en serrant la vis qui est en dessous. C'est sur ce support que se posera le burin, lorsqu'on voudra donner à un outil, qui sera pour cela monté sur le touret, la figure convenable au besoin que l'on en aura.

Il faut avoir de ces outils de toutes les grandeurs; et dans les bouterolles, le bouton ira par gradation, depuis la grosseur d'un gros pois jusqu'à celle de la plus petite tête d'épingle. Pour les conserver sains et entiers, et afin qu'ils tombent plus aisément sous la main de l'artiste, toutes les fois qu'il sera nécessaire d'en changer, on aura une boite de fer-blanc, qui sera couverte à son orifice par une plaque percée comme un crible, et, dans chaque trou, on pourra loger un outil qui se présentera par la tête, c'est-à-dire par l'endroit qui doit fixer l'attention du graveur. Outre les outils dont il vient d'être fait mention, on ne doit pas manquer de se munir de pointes de fer ou de cuivre, ayant un manche qui les rendra plus faciles à manier, et sur la tête desquelles sera sorti un éclat de diamant. On en enseignera bientôt l'usage.

Toutes les choses étant ainsi disposées, un des outils étant déjà monté sur le touret, et le graveur dans la situation où il a été laissé, la grande roue de bois est mise en mouvement, et par le grand cercle qu'elle décrit en tournant, elle entraîne la petite roue de fer, multiplie ses révolutions, et celle-ci fait marcher l'outil avec la plus grande rapidité. Alors le graveur prend de la main gauche le morceau de verre qu'il veut graver; il présente le verre contre l'outil, le tenant un peu incliné, en sorte que l'outil puisse mordre et l'user en tournant sur sa face. L'autre main du graveur, pendant que l'outil est en action, reste appuyée sur le sommet du touret qui, pour la commodité de l'opérateur, est couvert de la partie du tonnelet qui fait le dôme. De cette même main droite, le graveur tient entre ses doigts une petite spatule de fer, dont le bout a été trempé dans de l'huile d'olives, où est délayé de l'éméri en poudre, afin d'être plus à portée d'en abreuver, quand il en est besoin, l'outil qui agit sur le verre et qui y fait des excavations. Car aucun outil ne mord beaucoup sur le verre qu'autant qu'il est abreuvé d'émeri : c'est cette poudre qui fait tout le travail. Celle qui n'est que grossièrement écrasée, est excellente pour les ébauches; elle mange, elle dévore, pour ainsi dire, tout ce qui se présente devant elle ; mais s'agit-il de finir, faut-il opérer avec plus de précautions, on ne doit plus employer que de l'émeri très-fin.

Revenons au graveur. Il a entre les mains la pièce de verre à graver : il y a dessiné avec une plume de diamant ce qu'il y veut exprimer d'après son modèle, qui ne doit plus sortir de devant ses yeux : il présente le verre au touret. Il a eu la précaution de monter sur cette machine un des outils que l'on nomme *scies* ; il appuie le verre contre le tranchant de cette scie; il marque, de distance en distance, des points de reconnaissance suivant le trait ou contour extérieur de la figure qu'il doit graver ; il achève de former extérieurement ce premier trait ; il dégrossit tout de suite et abat de la matière ; puis, l'ouvrage commençant à prendre forme, il travaille maintenant avec plus de ménagement, ayant successivement recours aux *bouterolles* et aux autres outils qu'il estime être les plus convenables, et peu à peu il vient à bout de terminer ce qu'il a commencé de graver. Mais comme il n'opère, comme on voit, qu'à tâtons et à l'aveugle, il est obligé, pour juger de son ouvrage, d'essuyer presque à chaque instant le verre qui se couvre de boue. Le meilleur conseil que l'on puisse donner, est de ne point se trop précipiter; car si l'on a été trop avant et que l'outil ait mangé trop de verre, il ne reste aucun moyen d'y porter remède. Outre cela, il faut avoir une attention singulière à ce que les outils soient toujours parfaitement ronds, et qu'ils tournent bien sur leur pivot : le moindre petit soubresaut est capable de faire éclater le verre, et cela pourrait arriver au moment où l'on se féliciterait d'avoir surmonté toutes les difficultés.

Ainsi, comme le graveur, quelque habile et quelque expérimenté qu'il soit, n'est pas toujours absolument le maître de son ouvrage, il ne peut user de trop de précautions, ni aller trop doucement, surtout lorsqu'il se présente des situations gênantes et qu'il faut faire de certaines excavations difficiles et cependant indispensables. Il arrive assez souvent que les outils ne peuvent point parvenir aux endroits qu'on voudrait fouiller : ils font rond où il faudrait faire plat, et ils laissent toujours quelque chose d'indécis dans les touches. Dans ces cas, ce qu'on peut faire de mieux, est de se servir des pointes de diamant que nous avons indiquées ci-dessus. Cet instrument à la main (car il n'est plus question du touret), on peut former de petites sinuosités, ou terminer des traits, ou approfondir quelques endroits, en évider d'autres, dépouiller certaines parties : on fait de ces travaux délicats qui à peine effleurent le verre : on met enfin l'âme, l'esprit et la finesse dans sa *gravure*.

Un graveur soigneux peut encore se faire faire de petits outils à main en cuivre, en forme d'ébauchoirs, et les imbibant dans de l'huile d'olive et de l'émeri très-fin, il les promènera doucement sur son ouvrage pour manger le verre dans les endroits où ni l'outil ni la pointe de diamant n'ont pu pénétrer, et surtout dans ceux qu'on veut unir. C'est ce qu'on peut appeler donner la dernière main à l'ouvrage.

Quoique nous n'ayons jusqu'ici parlé que de *gravure en creux*, nous n'en avons pas moins enseigné tout ce qui s'observe dans la *gravure en relief*; car, dans la pratique, ces deux sortes de gravures n'ont rien qui ne se ressemble. Ce sont les mêmes outils qu'on emploie, et les mêmes attentions qu'il faut avoir, avec cette différence que le graveur voyant mieux ce qu'il fait quand il travaille le relief, il est moins embarrassé. Il y a cependant une observation importante à faire : les outils ne servent pas si bien dans cette opération que pour le creux; leur forme les rend très-propres à faire des excavations telles que le demande la gravure en creux; mais dans les reliefs, où presque tout est en saillie, et doit prendre une forme convexe, l'outil, qui lui-même est convexe, s'oppose presque à chaque instant à l'intention de l'artiste. Ces outils, et l'on ne peut en imaginer d'autres, ne portent jamais que dans un point, et c'est avec une peine infinie qu'on peut parvenir à exprimer les parties saillantes et à leur donner de la rondeur. Encore plus difficilement peut-on employer ces outils dans les méplats : aussi les champs en général ne sont jamais parfaitement dressés.

Il ne nous reste plus qu'à rendre compte de la manière dont il faut s'y prendre pour polir certaines parties de l'ouvrage auxquelles on veut rendre le luisant; cela ne laisse pas que d'être une opération assez difficile, du moins à cause de sa longueur. On se sert, pour cela, de brosses rondes et plates de poil de sanglier, qui ne soient ni trop rudes ni trop douces, et le poil ne doit pas excéder deux lignes de longueur. En faisant passer et repasser ces brosses sur le verre avec du tripoli en quantité et beaucoup d'eau, on parvient à éclaircir ce qu'on a gravé, et à lui rendre son premier lustre. On peut même, pour des parties un peu étendues, monter une brosse sur le touret, la faisant agir comme on fait les outils avec lesquels on grave : le poliment se donnera plus promptement et mieux. Mais cette opération est accompagnée d'un inconvénient La rapidité avec laquelle le touret fait marcher la brosse, en secoue les poils; cet ébranlement fait rejaillir de tous côtés l'eau et le tripoli ; bientôt celui qui travaille en est tout couvert. C'est pour y remédier qu'on a imaginé de renfermer la brosse dans une petite boîte ou étui en fer-blanc, qui, contenant le poil, empêche que le tripoli ne s'échappe aussi abondamment.

On prend ensuite de petits outils auxquels on a donné la figure d'une bouterolle; on les monte successivement sur le touret, commençant par ceux d'étain, puis par ceux de buis, et finissant par ceux qui ne sont que de bois blanc; on les insinue dans toutes les cavités qu'on a dessein de polir, et l'on parvient premièrement avec de la potée d'émeri très-fine, et tout de suite avec le tripoli de Venise, à adoucir certaines parties, et à donner à d'autres le plus beau poliment.

De la Dorure sur le Verre.

On peut compter cinq principaux genres de dorure sur le verre : 1° la dorure appliquée au pinceau avec l'or coquille; 2° les feuilles d'or attachées au verre à l'aide d'une assiette ou couche de vernis gras; 3° ces mêmes feuilles, étendues sur un enduit de borax et passées au feu; 4° les feuilles d'or couchées sur le verre sans aucun intermédiaire, et n'y restant attachées qu'en vertu de l'adhérence des surfaces; 5° la dorure au pinceau avec l'or en poudre métallique appliquée sur le verre, et fixée par l'intermédiaire d'un fondant vitreux. De ces cinq genres de dorure, le dernier est le plus remarquable, le plus solide, le plus beau et le plus utile.

La dorure appliquée au pinceau avec l'or coquille, a si peu d'éclat sur le verre, et elle est d'ailleurs si peu durable, qu'il ne serait guère utile de s'en occuper.

La dorure, par application de l'or en feuilles sur une couche ou assiette de vernis gras, ne laisse pas que d'avoir un certain éclat, et d'être de quelque durée sur les vases qui ne sont exposés ni à la chaleur, ni à de grands frottemens. Cette dorure, faite avec de l'or à haut titre et en feuilles un peu épaisses, peut convenir pour des vases d'ornemens de cheminées, des cadrans de pendules communes, etc., etc. Le procédé en est simple: d'abord, on dessine son sujet au pinceau chargé de vernis gras, et on laisse sécher; on couche des feuilles d'or sur la pelote, comme font les doreurs sur cuir. Pendant ce tems, les pièces à dorer sont légèrement échauffées dans une étuve, ou de toute autre manière, pour disposer le vernis à happer la feuille d'or: on relève celle-ci de la pelote, et on l'applique sur les endroits vernis, en pressant légèrement. Quand tout est bien refroidi, on passe la pate de lièvre pour enlever les bavures, et tout est fini là.

La dorure sur verre, au moyen de feuilles d'or appliquées sur le verre par l'intermédiaire du borax calciné et passées au feu, sans être aussi solide ni aussi belle que la dernière espèce dont nous avons à parler, vaut beaucoup mieux que les deux précédentes. Pendant long-tems les Anglais n'en ont pas pratiqué d'autres.

On rencontre encore beaucoup d'anciennes pièces de verre ou de cristal, dorées de cette manière. Quand l'or a été employé en feuilles très-épaisses, la dorure ne laisse pas que d'avoir un certain éclat, et les vases peuvent être remplis de liqueurs chaudes, sans qu'on risque de l'enlever; mais elle craint les frottemens. Cette dorure est passée au feu, pour fondre le borax sur le verre.

L'or appliqué sur le verre sans aucun intermédiaire, et qui ne s'y maintient que par adhérence des surfaces, n'offre absolument aucune solidité, ne peut résister au moindre frottement; mais c'est la plus brillante, la plus nette, la plus éclatante de toutes les dorures, vue à travers le verre sur lequel elle est étendue. Pour effectuer cette dorure, il faut parfaitement dégraisser le verre à l'aide du blanc d'Espagne, ou mieux, avec de la fécule de pommes de terre sèche. Après que la surface du verre aura été complétement essuyée avec une pièce de flanelle douce et sèche, on soufflera dessus, et on y couchera la feuille d'or, en appuyant très-légèrement avec la pate de lièvre. C'est de cette manière que se font ces médaillons que les dames suspendent à leur cou. Un dessinateur habile, et dont la main est bien sûre, en enlevant avec une pointe l'or de toutes les parties qui doivent rester dans l'ombre, peut faire des choses extrêmement agréables. Après ce travail fini, on applique sur la surface dorée un morceau de satin ou de fort taffetas de couleur noire ou bleu foncé, et on le recouvre d'un second morceau de verre; ou bien on applique directement sur la feuille d'or une plaque de verre bien droite et colorée fortement en bleu. Le tout est ensuite maintenu de manière qu'il n'y ait pas de frottement.

On n'avait encore guère vu que des médaillons, des boucles de colliers ou de bracelets, de petits objets enfin peints de cette manière, et on aurait pu penser que ce genre n'était pas convenable pour de plus grands ouvrages. Mais nous venons de voir deux tableaux exécutés en ce genre, dans de grandes dimensions et destinés pour une église : nous pensons qu'ils feront beaucoup de sensation.

C'est cette espèce de dorure qui est aujourd'hui fort en vogue pour des enseignes de boutiques.

Comme l'or ainsi appliqué ne résiste à aucun frottement, et comme il s'enlève en se coupant net et sans bavures, si l'on avait besoin de répéter un grand nombre de fois le même dessin, il serait possible de beaucoup abréger le travail; ce serait de graver les ombres du sujet sur une substance quelconque.

Cette gravure, appliquée sur la feuille d'or, et relevée sans la laisser traîner, après avoir soufflé simplement dessus, formerait d'un seul coup le dessein.

C'est en vain qu'on a fait des tentatives pour donner plus de solidité à cette dorure, en interposant entre la feuille d'or et le verre, un corps visqueux quelconque. Dans ce cas, quelque mince que soit la couche de matière employée, la nuance, le ton, l'éclat de la dorure sont totalement altérés; ce n'est plus du tout la même chose, ni même rien d'approchant pour la beauté.

Du cinquième Genre de Dorure, au Moyen de la poudre d'or étendue au pinceau, en mélange avec un fondant, et passée au feu de moufle.

Voici la seule dorure sur verre vraiment digne d'attention, à cause de sa solidité, de sa durabilité, de la pureté de dessin dont elle est susceptible, et à cause surtout des tons variés et des nuances différentes qu'on peut lui donner au moyen du brunissoir, qu'elle supporte aussi bien que la dorure sur porcelaine, dont elle diffère très-peu pour les procédés d'application. Nous donnerons à la description de ces procédés l'étendue qu'elle nous paraît mériter, et nous tâcherons de les mettre à la portée de quiconque voudra les exécuter. Ce genre de dorure se lie d'ailleurs très-heureusement avec l'emploi des couleurs mates qui en rehaussent singulièrement l'effet, et dont nous aurons aussi à nous occuper.

De la Préparation de l'or en poudre.

Choisissez l'or le plus fin. Les anciennes guinées anglaises laminées, ou même simplement battues sur une enclume, conviennent parfaitement pour cet emploi. Au défaut d'une guinée, on peut toujours se procurer chez les batteurs d'or, de l'or dit en *ruban*.

Faites dissoudre l'or dans de l'eau régale (Cette eau régale peut, entr'autres compositions, être faite avec trois parties d'eau-forte du commerce et une partie d'acide muriatique ou esprit de sel). Coupez les lames d'or avec des ciseaux, et roulez ces fragmens de manière à en faire de petits cônes ou cornets, afin de mettre plus de surfaces en contact avec le dissolvant. Placez ces petits cônes au fond d'un matras dans lequel vous verserez l'eau régale. Faites digérer sur un bain de sable, jusqu'à complète dissolution de l'or. Cette opération, pour que le dégagement des vapeurs n'incommode pas le manipulateur, doit être faite sous la hotte d'une bonne cheminée.

Laissez refroidir dans le matras la belle liqueur jaune qui résultera de la dissolution de l'or.

Préparez pendant ce tems une solution de couperose verte (sulfate de protoxide et de deutoxide de fer). Choisissez cette couperose bien nette et d'un vert de pré; écartez-en tous les morceaux rouillés et jaunâtres. Faites dissoudre la couperose jusqu'à saturation dans l'eau distillée, ou, au défaut de celle-ci, dans l'eau de pluie ou de belle eau de rivière. Filtrez cette solution à travers le papier joseph. Ajoutez à la solution saturée et filtrée, un poids égal d'eau pure. Cette addition d'eau, dans une proportion précise, est une précaution essentielle à prendre. Nous ne pouvons entrer ici dans le détail des causes qui la rendent indispensable.

Versez la solution de couperose dans une large jatte de verre ou de porcelaine, et laissez tomber dedans en un petit filet de la dissolution d'or. Vous verrez se former à l'instant un précipité brun tirant sur la couleur de tabac d'Espagne : il convient de favoriser ce précipité en mélangeant intimement les deux solutions métalliques à l'aide d'un mouveron en verre. Laissez reposer le tout pendant vingt-quatre heures ; après quoi décantez la liqueur surnageante. Nous supposons qu'on a opéré avec un grand excès de solution de fer, pour être certain qu'il ne soit rien perdu de la solution d'or.

On trouve au fond de la jatte un dépôt d'or en poudre, mais dont l'état de division et quelque peu d'oxide de fer qui la souille, ne permet pas l'éclat métallique. Il faut laver cette poudre à 5 ou 6 reprises différentes dans l'eau chaude ; laissant chaque fois reposer, et décantant l'eau qui surnage.

Sur le dépôt recueilli et bien lavé, on versera de l'acide nitrique faible, mais *bien pur*, de manière à couvrir totalement la matière. On fera chauffer la capsule en porcelaine contenant cet or, qui prendra bientôt une belle couleur jaune par l'effet de la dissolution du fer qui le souillait. On décantera et on lavera de nouveau l'or à l'eau chaude, et on le fera sécher très-lentement sur une soucoupe de porcelaine. Si l'on hâtait cette dessication, il en résulterait de grands inconvéniens que nous ne pouvons encore détailler ici,

Voilà la préparation d'or propre à être appliquée sur le verre. Parlons maintenant du fondant vitreux qui sert à l'attacher à la surface des objets que l'on veut dorer,

Pour la dorure sur cristaux, ce fondant doit être extrêmement actif, c'est-à-dire de la fusibilité la plus grande et la plus prompte, afin qu'il puisse attacher l'or avant que la température ne soit devenue assez forte pour entraîner en fusion le sujet même sur lequel on opère, et qui est toujours assez tendre.

Composition du Fondant.

Les matières qui entrent dans le fondant sont le borax, le nitre, le minium ou oxide rouge de plomb, et l'oxide de bismuth. Nous croyons inutile d'indiquer les moyens de se procurer ces matières à l'état de grande pureté qui est essentielle dans leur emploi : il n'en faut que peu, et il vaudra mieux s'adresser pour cela à un fabricant de produits chimiques bien connu. C'est un objet presque insignifiant pour la dépense.

Avant l'emploi, chacune des quatre substances dont il vient d'être parlé, doit être fondue *séparément*, soit dans un petit creuset de platine, ou à son défaut dans un creuset de porcelaine, afin d'obtenir les ingrédiens à l'état de verre.

Ces verres doivent ensuite être pulvérisés et tamisés finement ; et avec eux on compose le fondant comme suit : on pèse rigoureusement les matières pour le dosage, et on introduit le mélange dans un creuset de hesse ou de porcelaine. On fait fondre, et quand la matière semble bien fondue, on la projette dans l'eau froide, afin d'obtenir un verre plus facile à pulvériser exactement ensuite. Une attention essentielle à avoir, c'est de faire les fontes avec la plus grande rapidité, afin que le fondant n'ait pas le tems d'affecter une teinte verte toujours nuisible à l'éclat de la dorure, ni, surtout, de perdre de sa fusibilité en se saturant de la matière terreuse des creusets.

Du Degré de fusibilité des cristaux et du verre blanc, et de l'Influence de cette condition sur la nature et le dosage des fondans à employer.

Les cristaux de quelques manufactures, telle est celle de Mont-Cénis, sont beaucoup plus tendres et plus fusibles que d'autres.

Pour ces cristaux très-fusibles, une très-bonne composition de fondant est celle-ci :

N° 1. Minium fondu, 3 parties; oxide de bismuth fondu, 3 parties; nitre fondu, 1 partie; borax fondu, 2 parties. N° 2. Pour des cristaux moins fusibles, on peut employer pour un fondant : minium fondu, 2 parties; oxide de bismuth fondu, 3 parties; nitre fondu, 1 partie; borax fondu, 1 partie. N° 3. Pour le verre blanc ordinaire, minium fondu, 3 parties; oxide de bismuth fondu, 2 parties; nitre fondu, demi-partie; borax fondu, 1 partie.

Les proportions d'oxide d'or, relativement à celles du fondant, doivent varier aussi selon la mollésse du verre auquel on a affaire. Pour dorer sur cristal très-tendre, on emploira : oxide d'or, 50 grains; et fondant n° 1, 10 grains. Pour cristaux durs, oxide d'or, 50 grains, fondant n° 2, 8 grains. Pour verres blancs, oxide d'or 50 grains; fondant n° 3, 8 grains.

Ces dosages du fondant ne sont pas, au surplus, tellement sacramentels qu'on ne puisse pas du tout s'en écarter en aucune manière. Il peut arriver qu'on s'aperçoive que l'or soit mal attaché après la cuisson, et alors il faudra augmenter un peu la dose du fondant; ou bien, au contraire, on trouvera de la difficulté à brunir l'or; le mat aura l'air d'être glacé, et alors il faudra diminuer la dose du fondant.

Le mélange de l'or avec le fondant doit être fait bien intimement sur la glace à broyer, avec de l'eau parfaitement pure. On fait sécher la matière ensuite à l'ombre et à l'abri de la poussière. Il faut l'enlever avec un couteau *à palette*, en ivoire et non pas en fer. On conserve cet or dans un flacon bien bouché.

Lorsqu'on veut se servir de cet or pour la dorure, il faut le broyer de nouveau sur un petit carré de glace, en l'humectant avec de l'essence de térébenthine, mêlée d'un peu d'essence de lavande pour en corriger l'odeur. Pour lui donner plus de consistance et se procurer un maniement facile au pinceau, on épaissit avec une très-petite quantité de térébenthine.

Pour faire faire à l'or ce qu'on appelle du chemin, et en diminuer la consommation dans les ouvrages de moindre valeur, on broie quelquefois avec le fondant, du beau noir de fumée léger, en quantité plus ou moins grande.

Comme le verre, quand il n'est pas dépoli, ne rend pas les traits du crayon, c'est avec une plume trempée dans du noir d'ivoire délayé que l'on forme son ébauche de dessin; ensuite on applique l'or avec un pinceau semblable à celui des doreurs en porcelaine. Ce sont des pinceaux un peu longs et flexibles.

Quant aux cercles et aux filets en or que l'on fait sur les bords des pièces de verre, sur les moulures et les pieds des vases, c'est l'affaire de l'instrument appelé *tournette*, dont nous avons parlé au commencement de cet ouvrage, et dont nous donnons une figure.

Le succès d'une belle dorure dépend

principalement et de la pureté de l'or et de l'adresse dans la manière de l'employer. L'or doit être étendu le plus uniformément possible, et l'on doit surtout éviter que les coups de pinceau ne se croisent en plusieurs sens.

La dorure au mat, fait en général un très-bon effet sur les cristaux, principalement quand elle se trouve rehaussée par les parties soumises, d'une manière habile et délicate, à l'action d'un brunissoir pointu. Et comme il est rare qu'on obtienne l'or mat de première beauté en faisant usage du procédé de précipitation par le sulfate de fer que nous venons d'indiquer, on préfère quelquefois renoncer à l'avantage d'une plus grande division de l'or, et à ce procédé on en substitue un autre que voici:

En même tems que l'or, on fait dissoudre, mais séparément, du mercure bien pur dans l'acide nitrique. Les deux dissolutions étant achevées, on verse celle de mercure en grand excès dans celle de l'or, et il se forme, à l'instant même, un précipité. On lave ce précipité, que l'on fait bouillir dans de l'acide nitrique d'une grande pureté, totalement privé de l'acide muriatique qui pourrait attaquer l'or. Celui-ci, obtenu par ce moyen, et fixé sur le cristal par l'action du feu, est toujours d'un beau mat.

Quelque singulier que cela puisse paraître, il s'en faut de beaucoup que l'or pur, surtout pour le mat, soit d'une aussi belle nuance et fasse autant d'effet que lorsqu'il est allié, dans de certaines limites, à une petite quantité d'argent. Aussi, assez généralement, on ajoute à la poudre d'or environ 6 pour cent de poudre d'argent que l'on se procure par le procédé suivant.

Argent en poudre.

Il faut choisir l'argent le plus pur. On se le procure dans les hôtels des monnaies, sous le nom d'*argent de coupelle*. On le fait dissoudre dans l'acide nitrique, et dans la solution claire et décantée, et étendue d'une assez grande quantité d'eau, on plonge des lamelles de cuivre rouge très-minces et bien décapées. On ne tarde pas à voir l'argent venir se rassembler autour des lames de cuivre, et à l'aide d'une barbe de plume, on découvre continuellement celles-ci. Tout l'argent tombe et se réunit au fond du vase, où on le recueille après avoir décanté la liqueur surnageante. Cet argent est lavé à plusieurs reprises à l'eau chaude, et on le fait sécher à l'ombre et à l'abri de la poussière. Il est alors prêt à être employé, soit conjointement avec l'or, comme nous venons de le dire, soit seul comme on va l'expliquer.

De l'Argenture des cristaux.

Il est fort rare que l'on fasse un dessin en entier sur le cristal en *argenture*, mais un heureux mélange de quelques parties en argent entre de la dorure et variées par des couleurs mates, peut avoir l'effet le plus agréable. Dans les écussons qui renferment des armoiries, l'argenture fait on ne peut pas mieux, ainsi que dans les fleurs et les fruits, les arabesques à griffon, etc., etc. C'est principalement en mat que l'argent s'emploie : alors on trace dessus, avec un brunissoir pointu, des teintes et demi-teintes, en croisant les traits à la manière de la gravure, et laissant le mat pour les jours.

Voici, dans les cas d'*argenture*, le dosage du fondant.

Pour cristaux très-fusibles, argent, 50 grains, fondant n° 1, 10 grains.

Pour cristaux moyennement fusibles, argent, 50 grains, fondant n° 2, 9 grains.

Pour verre blanc ordinaire, argent, 50 grains, fondant n° 3, 9 grains.

Des Couleurs mates qu'on peut allier à la dorure pour les verres et cristaux.

Nous ne parlons ici que de couleurs mates, qui font d'ailleurs un très-bon effet, parce que l'art d'employer les couleurs parfondues et luisantes sur des cristaux et verres tendres dont il faut conserver les formes à la moufle, est encore peu connu, et n'a jusqu'ici rien offert de bien satisfaisant à tous ceux qui ont fait des tentatives à cet égard.

Nous ne pouvons même nous occuper de la confection des couleurs, ce qui nous prendrait trop de place : nous sommes forcé, pour la description des procédés, de nous référer à ce qui sera dit dans le *Traité spécial de la fabrication de toutes les couleurs*, lequel sera incessamment publié dans cette collection. Nous croyons d'ailleurs que l'immense majorité de ceux qui voudront faire usage de ces couleurs, trouvera plus commode et même beaucoup plus économique de les acheter toutes faites. On peut en avoir d'excellentes, principalement à Paris, chez plusieurs fabricans distingués : elles n'y sont même pas chères en général.

Les couleurs mates s'attachent parfaitement bien au verre, au cristal, et l'effet en est délicieux lorsque l'éclat de l'or et de l'argent les rehaussent. Celles dont on fait le plus d'usage dans ce cas, sont les bleues de toutes nuances, les roses, les vertes et les jaunes. Il faut y introduire, pour le cristal, de 12 à 15 parties de fondant sur 50 parties de couleur; elles se broyent à l'essence de térébenthine et s'appliquent au pinceau.

Des Flacons et autres Vases à étiquettes ou cartels ineffaçables.

Ces étiquettes et dessins vitrifiés se cuisent au feu de moufle, tout comme la dorure sur verre; voilà pourquoi nous plaçons ici ce que nous avions à en dire; et le procédé de cuisson que nous ferons suivre immédiatement se trouvera applicable à un genre de travail tout comme à l'autre. Il n'y aura de différence en général, que dans la longueur et dans l'intensité de la chauffe. Le champ de ces étiquettes et de ces cartels devant être en émail opaque, soit blanc ou de toute autre couleur, la fusion de cet émail employé en poudre délayée et appliqué au pinceau, ne peut guère avoir lieu, et l'attache sur le verre du vase ne peut guère s'effectuer à la même température que celle nécessaire pour parfondre le fondant d'or. Aussi est-il très-rare que ces sortes d'étiquettes réussissent bien sur le cristal, qui aurait le tems de s'affaisser avant la fusion de l'émail. Voilà pourquoi on y emploie de préférence le verre blanc non métallique et beaucoup plus difficile à ramollir que le cristal.

Pour ce travail, l'émail doit se broyer à l'essence de térébenthine un peu engraissée. On couche le champ des lettres, des caractères ou du dessin, largement et rapidement, sans s'inquiéter de la régularité du contour général extérieur, parce que, quand la matière a un peu séché, il est plus expéditif d'enlever avec un outil d'acier convenable, toutes les bavures et tout ce qui excède les lignes que l'on a l'intention de conserver: on se procure ainsi avec plus de rapidité et moins de sujétion des angles vifs. L'étiquette doit s'écrire en découvrant le verre à chaque lettre à l'aide d'un morceau de bois pointu : cette dernière opération assez longue, délicate, et qui exige de la dextérité et de l'habitude, peut cependant être accélérée au moyen de lettres modèles découpées en creux, que l'on applique sur le champ d'émail.

Du Séchage des pièces dorées.

A mesure que les pièces ont été dorées ou étiquetées en émail, ou peintes, etc., on en fait sécher les décors dans une étuve en tôle placée sur une grille, sous laquelle on fait brûler un peu de braise. Ceci a pour objet de faire évaporer l'essence de térébenthine excipient de la dorure ou peinture. Voilà pourquoi il est nécessaire, de tems en tems, d'ouvrir la porte à coulisse de l'étuve, afin de donner issue à cette vapeur. Quand il ne s'exhale plus rien, on retire la braise, et on laisse refroidir lentement l'étuve et ce qu'elle contient. Remarquez que cette étuve ne doit jamais être chauffée au delà de la température de l'eau bouillante.

Du Fourneau dans lequel est placée la moufle.

Cette espèce de fourneau doit toujours s'établir sous le manteau d'une cheminée qui tire bien. Il est composé d'un conduit et d'un foyer, de deux jambages et d'une voûte trouée. D'abord on élève en maçonnerie de briques, les deux petits murets qui forment les jambages. Arrivé à environ cinq pouces du sol, on pratique plusieurs petites arcades sur lesquelles viennent porter à plat, et dans le sens de leur largeur, des briques ordinaires. Ces briques, qui reposent par leurs extrémités sur ces arcades, étant éloignées entre elles de 15 lignes environ, composent ce qu'on appelle la grille du fourneau : à partir de cette grille, on continue à élever les jambages encore de 4 pouces, et on recommence de nouvelles arcades, ordinairement au nombre de trois. Au-dessus de ces arcades, on prolonge l'élévation des murets de toute la hauteur de la moufle, mesurée de sa base à la naissance de la voûte. Tout est disposé pour qu'il reste tout à l'entour de la moufle, dans cette espèce de bâtis, un espace libre de 4 pouces environ pour la circulation de la flamme.

Il s'agit maintenant d'empêcher que cette flamme ne s'élève dans une direction verticale et de la forcer à se rabattre par-dessus la voûte de la moufle afin de rendre la chauffe plus égale dans son intérieur. Pour y parvenir, on fait terminer la construction du fourneau par une voûte d'enveloppe, qui recouvre la voûte de la moufle, et qui est percée au centre pour le passage du tuyau de la moufle qui donne issue aux exhalaisons de l'intérieur. Ordinairement cette seconde voûte est composée de deux grandes tuiles cintrées, mobiles et fort épaisses. Indépendamment du trou pour le passage du tuyau de la moufle, ces tuiles sont percées de plusieurs trous pour l'issue des fumées et de la flamme du foyer.

La devanture du fourneau est à découvert et laisse voir en élévation la moufle. Mais après l'enfournement des pièces, on bouche cette devanture avec des briques mobiles qu'on lie avec de la terre à four. Pour abréger l'opération de monter et démonter cette devanture, on peut faire usage de grandes briques moulées exprès.

Du Remplissage de la Moufle.

Afin de perdre le moins d'espace possible dans la moufle, il faut assortir les pièces par ordre de hauteur, et toutes les pièces de même hauteur doivent être rangées sur le même étage. Voici en quoi consistent ces étages. Ce sont des feuilles de tôle très-épaisses supportées, dans l'intérieur de la moufle, à des hauteurs convenables, par des espèces de crapauds ou prismes de fonte.

On voit que le nombre d'étages ou de planchers varie, pour la même moufle avec la hauteur des vases à emmoufler.

A l'endroit de la lorgnette, on ménage un certain vide destiné à recevoir les *montres* ou pièces d'essai qu'il faut retirer successivement du feu pour faire connaître le progrès de la cuisson. Ces montres consistent en des morceaux de cristal attachés avec du fil d'archal sur des tiges en gros fil de fer.

De la Cuisson. — Conduite de la chauffe.

Comme l'humidité du fourneau est extrêmement nuisible au succès de la dorure, il sera prudent, dans le cas d'un fourneau neuf, ou quand il y aura une certaine interruption dans les opérations, et surtout quand l'atmosphère sera très-humide, de chauffer pendant quelque tems le fourneau avec de la braise, avant chaque enfournement.

Quand la moufle aura été remplie, on placera son couvercle et l'on en fermera avec de la terre à four, toutes les fissures.

Toutes ces précautions ayant été prises, on introduira autour de la moufle, un peu de braise de boulanger, et sur celle-ci quelques morceaux de charbon allumé. Il faut laisser le feu s'animer de lui-même et le plus lentement possible. Il est essentiel, d'ailleurs, que le feu gagne également tout le pourtour de la moufle, et il faudra le soigner dans cette vue, en se servant d'un tisonnier en fer à crochet. Il faut, en un mot, tâcher que la chaleur se communique dans l'intérieur de la moufle avec beaucoup de lenteur et très-également, sans quoi on risquerait de voir éclater des pièces de cristal. C'est pour rester plus maître de graduer la température qu'on fait usage de braise de boulanger de préférence au charbon dur. Vers le milieu de l'opération, l'on peut cependant ajouter un peu de charbon à la braise, mais avec beaucoup de précaution et toujours en quantité moindre que celle-ci.

Le petit feu doit continuer ainsi pendant au moins deux grandes heures, et jusqu'à ce que tous les vases contenus dans la moufle soient bien échauffés.

Après ce tems on augmente le feu, mais encore avec lenteur, et si dans ce moment on regarde par la lorgnette de la moufle, on peut apercevoir que l'intérieur commence à devenir lumineux. Depuis ce moment jusqu'à la fin de l'opération, il faut être dans une attention continuelle. C'est alors qu'il faut couvrir le dessus de la moufle avec de la braise neuve, qui ne tarde pas à s'enflammer par la chaleur qui arrive du bas du fourneau. Bientôt tout n'est plus qu'une masse de feu, et les cristaux à l'intérieur en paraissent pénétrés. Au moment où le rouge-brun de l'intérieur fait place au rouge-clair, il faut ôter une première montre, la faire promptement refroidir dans un courant d'air froid, et essayer avec le brunissoir, si l'or est attaché sur le cristal. Si la première montre n'offre pas encore un résultat satisfaisant, à peu de minutes d'intervalle on en retire une nouvelle, puis bientôt après une troisième. L'or étant enfin attaché au cristal, il faut se hâter de faire tomber les braises enflammées, moins une petite quantité sur le couvercle de la moufle et sur la grille, et il faut ôter tout-à-fait du fourneau la masse de braise incandescente que l'on a abattue, car la chaleur du feu du fourneau pourrait être encore suffisante pour occasioner le gauchissement des pièces du premier étage de la moufle.

Cependant, comme il est nécessaire qu'après une telle chauffe, les cristaux éprouvent une espèce de recuisson, il conviendra de ne pas laisser refroidir trop promptement la moufle, et, pendant plusieurs heures, de veiller à ce qu'il y ait toujours à l'entour de son fond et sur son couvercle, quelques légères braises allumées.

Après l'abattement des braises, on a eu soin de boucher avec un bouchon de terre cuite, le tuyau vertical du couvercle de la moufle ainsi que celui de lorgnette, afin d'empêcher l'accès de l'air froid dans l'intérieur. Il est bon, surtout en été, de ne défourner que le lendemain.

Du Brunissage de l'or.

Chacun sait que l'or, à l'état métallique, appliqué sur les cristaux par le procédé que nous avons indiqué, ou tout autre analogue, et ayant éprouvé une haute température, ne jouit d'aucun éclat, qu'il n'offre qu'une surface mate et terne, d'un jaune plus ou moins agréable. Le brillant ne peut lui être rendu qu'au moyen du brunissoir.

Le brunissoir est un instrument composé d'un morceau d'hématite ou pierre de sanguine dure, que l'on taille sous diverses formes appropriées à l'usage que l'on en veut faire, soit pour le brunissage des parties creuses, de celles de ronde-bosse ou des surfaces planes. Les brunissoirs pointus servent pour les parties délicates. On fait aussi, avec ces petits instrumens, des dessins sur l'or, en opposant l'espèce d'ombre du fond de la dorure aux lumières et reflets des traits du brunissoir : c'est ce qu'on appelle, chez les doreurs de porcelaines et cristaux, *le bruni à l'effet*. Pour cette espèce particulière de travail, en général l'or est appliqué en une couche beaucoup plus épaisse, afin que les oppositions d'ombre et de lumière soient plus tranchées.

Le brunissage à fond plein et uni, en usage pour les filets de bordures des vases, pour les pieds, anses, est généralement convenable, pour toutes les parties susceptibles d'être maniées, fatiguées, où le bruni à l'effet perdrait bientôt tout ce qui en constitue le mérite, s'exécute de la manière suivante.

On prend la pièce à brunir, entourée d'un linge blanc et propre, afin que le contact des doigts ne ternisse rien. Il faut commencer par dégrossir légèrement la superficie de l'or avec la pointe d'une agathe enchâssée comme les brunissoirs, dans une virole emmanchée pour la commodité de l'opérateur. On tient la pièce à brunir de la main gauche couverte du linge, et le brunissoir de la main droite entre tous les doigts fermés. On passe cette agathe sur l'or mat, allant et revenant toujours dans les mêmes directions. Toutes les parties se trouvant dégrossies, et lorsqu'on ne voit presque plus de mat, on prend au bout du doigt un peu de blanc d'Espagne délayé dans de l'eau avec un peu de vinaigre : on en frotte les parties que l'on a dégrossies ; ensuite, avec le linge, on essuie ce blanc, puis on revient au brunissoir. Mais maintenant il faut laisser là l'agathe, et prendre le brunissoir de sanguine. Aussitôt que cet outil a passé sur l'or, on voit briller celui-ci. Le frottement doit être continué assez longtems, avec souplesse et sans donner des coups aigres qui puissent déchirer la feuille d'or.

Les fonds réservés en or mat et destinés à être brunis *à l'effet*, doivent être enduits d'une couche de gomme, afin de les garantir des coups de brunissoir accidentels, et de l'impression des doigts qui useraient le mat en partie ; car la beauté et l'effet véritable de cette espèce de travail dépend entièrement du mat parfait du fond.

Le travail *à l'effet* exige une grande

précision, beaucoup de fermeté dans la main, et une grande entente du clair-obscur. Ici les faux coups de brunissoir sont désormais sans remède.

Manière de couvrir des Vases de verre, tels que Pots à fleurs, etc., avec des substances métalliques ou autres qui s'y attachent au feu de moufle, et produisent un très-bel effet.

Les métaux purs ou alliages à appliquer ainsi, doivent d'abord être réduits en limaille fine. L'or est trop cher pour qu'on l'emploie de cette manière. L'argent même est encore d'un prix trop élevé. Mais il y a plusieurs alliages métalliques difficilement oxidables qui y conviennent très-bien. Tels sont, 1°, l'or de Manheim, *Pinschbeck*, ou métal du Prince-Robert, qui imite assez bien l'or, et d'une manière durable; 2° le cuivre blanc qui imite l'argent. Enfin, on peut encore couvrir le verre par un procédé analogue, soit avec des depoudres cailloux naturels et diversement colorés, soit avec des verres durs et fortement colorés au grand feu, tel que le beau verre de cobalt appelé *azur*.

L'alliage imitant l'or peut s'obtenir en fondant ensemble, dans un creuset, 3 parties de beau laiton du commerce, et une partie de zinc pur.

L'alliage imitant l'argent, dit *cuivre blanc*, s'obtient par la fusion de 54 parties de cuivre rouge, 30 de zinc, et 18 de nickel.

Ces alliages s'aplatissent sous le marteau, et on les réduit en limailles.

Manière d'appliquer les Limailles et Poudres coloriées sur les vases de verre.

D'abord on étend sur la surface des vases, au pinceau, un émail très-fusible, pulvérisé et broyé à l'essence de térébenthine. Quand cette couche est sèche, on plonge le vase rapidement dans une solution visqueuse de gomme arabique. On relève le vase promptement et on tamise à sa surface les limailles; à mesure que le vase sèche, ensuite on presse légèrement à sa superficie la limaille ou les poudres; elles s'y accrochent, et il est facile de concevoir que le vase étant placé ensuite au feu du moufle, quand l'émail vient à fondre, il soude avec le verre tout ce qui est en contact avec lui. Nous avons fait, en ce genre, quelques travaux très-agréables, et cela est prompt, facile, et n'exige aucune connaissance du dessin.

Des Yeux artificiels en verre.

Ce travail, pour ce qui est de la coloration des yeux au feu, appartient à la peinture en émail, dont il n'entre pas dans nos vues de parler en détail; mais, à cause du peu d'étendue de cette opération et de la fréquence de l'emploi des yeux artificiels pour les préparations d'histoire naturelle, nous pouvons nous écarter, à cet égard, de notre plan, sans beaucoup d'inconvéniens.

Une condition essentielle du travail des yeux artificiels, c'est qu'à l'extérieur, c'est-à-dire à la partie convexe, ils soient bien luisans et exempts de toute aspérité, ce qui implique l'obligation de ne pas laisser cette partie en fusion toucher à aucun corps dur. Il y a plusieurs manières différentes d'obtenir ce résultat; celle qui nous paraît la plus commode et la plus sûre, est de souffler à la lampe un tube en cavité ovoïde; de détacher cette partie renflée, par le procédé que nous avons indiqué à l'article des perles fausses. On reprend cette partie détachée au bout d'une baguette de verre dur, on la ramollit de nouveau à la lampe et on la fend avec des ciseaux; après quoi on l'étend sur une espèce de petit mandrin préparé et chauffé à l'avance dans le fourneau, et sur la convexité duquel l'ovoïde vient s'étendre. On remet au fourneau le mandrin et le verre placé dessus. Celui-ci, en peu d'instans, se ramollit, embrasse son moule. On retire le tout, et on le place dans une petite étuve pour le recuit. Ce procédé convient pour les yeux d'un certain volume et dans la forme desquels on recherche de la régularité. Selon que les yeux qu'on aura à représenter appartiendront à des animaux pour lesquels il faut plus de rondeur ou d'allongement, de proéminence ou d'aplatissement, on variera les mandrins. Mais pour les très-petits yeux d'oiseaux, presque toujours fort recouverts par les paupières et qui semblent affecter la forme ronde, il suffira de souffler des globes à la manière des perles, qu'on ouvrira immédiatement et qu'on laissera refroidir sans autre précaution.

De la Matière et de la Façon des Mandrins à étendre les Yeux en verre.

Le cuivre jaune ou *laiton* convient parfaitement à cet usage : il se lime facilement et il peut supporter un assez haut degré de température sans se fondre ni s'oxider. Mais on peut aussi, avec presque autant de succès, employer pour ces mandrius, une matière à bien meilleur marché et dont la préparation est beaucoup plus facile et plus prompte. C'est tout simplement le plâtre qui, à la température nécessaire pour ramollir et étendre le cristal, ou même le verre dur, n'éprouve pas d'altération. Quand une fois on a obtenu une planche couverte de ces mandrins en plâtre, on peut la renouveler à volonté, en coulant dessus d'autre plâtre, et ensuite, dans le moule en creux qui en résultera, de nouveau plâtre qui fera relief.

De la Peinture des Yeux.

Certains yeux d'animaux semblent transparens, tandis que d'autres paraissent plus ou moins opaques. Les couleurs métalliques qu'il faudra employer pour l'imitation des yeux naturels, doivent donc être relatives à l'effet que l'on désirera. (Voyez le *Traité de la Fabrication des Couleurs*, publié dans notre *Encyclopédie Populaire.*)

Les couleurs pour la peinture *au feu* des yeux artificiels devront être broyées à l'essence, de térébenthine engraissée, comme nous l'avons prescrit pour la dorure du cristal.

Comme le même travail, le même dessin, les mêmes effets doivent se répéter un nombre de fois égal à celui des yeux qu'on voudra peindre, il sera possible d'abréger beaucoup la besogne en se formant des patrons découpés sur feuilles minces de cuivre, et qui se prêteront très-facilement à l'introduction dans la concavité de l'œil en verre. La couleur s'appliquera rapidement à la brosse plate, en teinte large, sur la surface du patron, et il n'y aura plus ensuite, pour chaque teinte, qu'à finir au pinceau.

On passera à l'étuve pour faire évaporer l'essence, et ensuite on remettra les yeux dans le fourneau, en les replaçant sur leurs mandrins respectifs.

Les très-petits yeux, principalement les sphériques, pourront se cuire sans mandrins, en les appuyant par la surface plane sur une tuile en plâtre.

Jusqu'ici nous n'avons parlé que de la coloration des yeux avec des couleurs au feu. Mais il est possible, et même peut-être plus à propos de les colorer à froid avec des couleurs en détrempe qui, n'étant vues qu'à travers la couche de verre, font un très-bon effet. Pour se faciliter l'application de la couleur en détrempe, on enduira préalablement la surface interne du verre avec une solution de belle colle de poisson qui n'en altère pas la transparence. Les couleurs prendront là-dessus avec beaucoup de netteté, principalement si, dans la solution de colle, on a ajouté une certaine quantité d'esprit-de-vin.

Pour conserver les couleurs en détrempe ainsi appliquées, en les garantissant de tout frottement, après qu'elles seront parfaitement desséchées, on pourra verser dans la concavité de l'œil, un mastic composé de deux parties de cire et une partie de résine ordinaire fondues ensemble. Mais il faudra préalablement s'être assuré de la dessication complète;

sans quoi le verre deviendrait nuageux.

De divers Ouvrages en verre imitant la Mosaïque.

Tout le monde connaît ces bourses, ces sacs à ouvrages, ces coulans, ces étuis, ces bagues à devises, ces colliers de petits chiens, enfin, cette multitude d'ouvrages où l'on figure, en couleurs variées, une foule de sujets, quelquefois très-ingénieux et très-agréables, et qui résultent de l'arrangement de ces petites sections de tubes en verre coloré, tirés à la lampe, rompus et bordés comme nous l'avons indiqué immédiatement après avoir parlé du soufflage des perles fausses. Nous n'avons pas à revenir là-dessus autrement que pour rappeler ce que nous en avons dit déjà, et pour faire prendre à ces ouvrages le rang qui leur appartient. C'est à l'aide d'une aiguille et de fil que les dames attachent les pièces de cette mosaïque, soumise d'ailleurs à toutes les règles du dessin ordinaire, mais pour le renouvellement de laquelle il suffit à des personnes, qui même n'ont aucune idée de ces règles, de s'attacher servilement, en comptant les grains employés, à l'imitation du modèle ou patron qui leur a été donné.

ADDITIONS.

De diverses Récréations qui ont le verre pour objet plus ou moins direct et pour lesquelles il n'est aucun besoin de fourneaux ni de lampe.

Dans l'avant-propos, nous avons prévenu que, dans la vue de ne rien omettre qui pût être agréable à une classe quelconque de nos lecteurs, nous ajouterons aux procédés qui, dans notre opinion, sont les plus intéressans ou les plus ingénieux ou les plus utiles, un assez grand nombre de petits travaux qui, s'ils n'ont rien de bien remarquable offrent du moins à la multitude l'attrait de l'exécution la plus facile, et sans aucuns frais.

Pour acquitter notre promesse, nous allons commencer par une prétendue science dont certains artistes ambulans, colportent les merveilles en offrant d'en vendre les procédés secrets. C'est ce qu'ils appellent faire un peintre en trois, ou en cinq ou en huit leçons, qu'ils veulent d'avance se faire payer. Cet admirable secret est tout simplement celui de gâter une estampe quand elle est bonne, a dit un homme d'esprit. Mais cependant l'attrait de la couleur est toujours si grand, qu'aux yeux de beaucoup de monde, ce que nous allons décrire aura toujours un certain prix.

Manière d'imiter, avec une estampe, la Peinture sur verre.

« Ayez un verre blanc de la grandeur de votre estampe, et mettez dessus deux couches d'un vernis que vous ferez de la manière suivante.

» Prenez quatre onces de térébenthine de Venise, 1 once et demie d'essence de térébenthine, autant d'esprit-de-vin, 2 gros de mastic en larmes, et faites bouillir le tout l'espace d'une heure dans un pot de terre vernissé. Lorsqu'il sera froid, vous en appliquerez une couche sur le verre bien également. La première couche étant sèche, il faut y en mettre une seconde, et sitôt que celle-ci sera presque sèche, on doit coucher dessus, le plus proprement qu'il se pourra, l'estampe, qui doit être préparée auparavant comme on va le voir.

» Prenez un vaisseau de verre, de

faïence, ou de terre vernissée, dont le fond soit aussi large que l'estampe, plat et uni, ayant son ouverture aussi large que le fond. Mettez dans ce vaisseau autant d'eau-forte qu'il est nécessaire pour couvrir tout le fond; puis vous coucherez votre estampe à plat sur cette eau-forte, du côté de la gravure, vous l'en retirerez, et l'ayant essuyée bien doucement entre deux linges ou entre deux papiers gris, vous laverez votre estampes dans deux ou trois eaux claires, et l'essuierez comme ci-devant entre d'autres linges ou papiers, vous l'appliquerez ensuite sur le verre, faisant en sorte qu'elle s'y colle bien uniment, sans faire aucun pli ni élevure du papier. Alors vous mouillerez le bout du doigt dans de l'eau nette, et ayant humecté l'estampe par derrière, vous enlèverez en frottant avec le même doigt, tout le papier où l'impression n'aura pas marqué. Il n'y restera enfin que les traits de l'estampe sur lesquels vous pourrez peindre par derrière avec des couleurs à l'huile, les plus vives et les plus légères; et vous aurez une peinture que, ni la poussière ni l'air, ne pourra gâter. Avec de la pa-

9 *

tience et de l'adresse, on pourra tirer partie de cet amusement.

Autre Manière.

» Ayez un verre blanc de la grandeur de votre estampe, et faites-le chauffer pour y appliquer, avec un pinceau, de la térébenthine de Venise : elle s'étendra facilement et avec égalité en la mettant un peu sur le feu. Appliquez ensuite l'estampe sur ce verre ainsi préparé, du côté de l'impression, après l'avoir fait bouillir l'espace d'un demi-quart d'heure dans de l'esprit-de-vin. D'autres se contentent de l'y laisser tremper pendant vingt-quatre heures, sans la faire bouillir. Le verre sur lequel l'estampe est collée étant refroidi, mouillez le bout du doigt, frottez-en doucement sur le papier, que vous enlèverez petit à petit jusqu'à qu'il ne reste plus que l'impression; alors vous mettrez bouillir dans un matras, au bain-marie, une partie de térébenthine sur quatre d'esprit-de-vin, pendant un bon quart-d'heure, et vous coucherez de cette composition sur le derrière de l'estampe. Vous mettrez deux de ces couches, et quand la seconde sera sèche, vous pourrez y appliquer les couleurs.

Autre Manière.

» Mettez tremper l'estampe dans de l'eau commune pendant trois jours, dans un bassin plat et uni, dans lequel elle puisse être contenue sans se plier. Frottez le verre devant le feu avec de la térébenthine de Venise, observant d'y en mettre le moins épais que vous pourrez. Ayant retiré votre estampe de l'eau, mettez-la entre deux serviettes bien étendues. Quand elle s'y sera bien essuyée, vous l'appliquerez du côté de la gravure, sur le côté du verre qui a été frotté de térébenthine, passant légèrement la main par derrière pour l'aplatir, en sorte qu'il n'y reste aucune élevure ni pli. S'il y en restait quelqu'un, on en ferait sortir l'air en perçant le papier en cet endroit avec une épingle. On enlève ensuite le papier jusqu'à la gravure qu'il faut prendre garde d'affaisser: cela se fait en frottant légèrement, comme on l'a dit, avec le bout du doigt mouillé. Si le papier séchait trop promptement, il faudrait humecter un peu les endroits secs avec de l'eau et les laisser s'imbiber; alors le papier s'enlèvera sans peine. Cela fait, vous passerez avec un pinceau bien net une couche d'huile de térébenthine sur l'estampe, en la laissant pénétrer jusqu'à ce que la gravure paraisse autant d'un côté que de l'autre. S'il en est besoin, vous mettrez deux couches. L'huile étant un peu sèche, il ne reste plus qu'à appliquer les couleurs.

» Il faut observer, pour les personnes qui n'ont aucune connaissance de la peinture ni du dessin, et qui veulent s'amuser de cette sorte d'enluminure, qu'on distingue dans la gravure comme dans les ouvrages peints, l'ombre qui est la partie la plus obscure, les demi-teintes qui tiennent le milieu entre les ombres et les lumières, et les clairs qui, dans les parties les plus lumineuses, sont représentés par le blanc du papier, et dans les autres parties par des travaux très-légers. Il convient donc de garderle même ordre en appliquant les couleurs par derrière l'estampe collée sur le verre. Sur l'ombre, on met les couleurs les plus obscures et les plus foncées; sur les demi-teintes, il faut des couleurs plus vives; enfin, sur les endroits où frappe la lumière, on applique les couleurs les plus claires. On doit cependant tellement adoucir ces différentes teintes, qu'elles ne paraissent pas se couper, mais qu'elles soient fondues l'une dans l'autre : ainsi, sur les bords de l'ombre, on mettra un peu de demi-teinte, et l'on fondra les trois teintes avec les clairs.

» Il faut avoir des couleurs broyées à l'huile de noix, et les appliquer à plat et sans ombrer, sur le revers de chaque partie de l'estampe, telles que les carnations, les cheveux, les draperies, etc.; faisant à peu près les mélanges, comme du blanc et un peu de vermillon pour les carnations, un peu de rouge aux joues et aux lèvres, etc. On couche ces couleurs à plat, parce que les tailles de la gravure suffisent pour rendre l'effet des demi-teintes et des ombres. Lorsque vous aurez couché, comme on vient de le dire, toutes les couleurs sur le dos de l'estampe, vous la vernirez du côté de l'impression avec un verni blanc, et la laisserez sécher. Si elle ne vous paraît pas assez luisante ou transparente, vernissez-la encore une fois. Mais avant que de la laisser entièrement sécher, si vous avez besoin d'y ajouter de l'or ou de l'argent moulu en quelques endroits, vous détremperez de l'or en coquille avec de l'eau gommée, et vous l'y appliquerez un peu épais, autrement l'or venant à sécher, se retirerait par petits points : au lieu que si l'or ou l'argent est en bonne consistance, on pourra en admirer la beauté sur le vernis. »

Autres détails sur la Coloration.

« Prenez, par exemple, de la couleur de cheveux, et mettez-en partout où il y a de la chevelure; mais prenez garde de déborder, il vaut mieux laisser quelcheveux échappés sur le visage sans y mettre de cette couleur. Après cela, faites la teinte des joues avec la couleur qui y est propre. Pour agir plus sûrement, opposez une feuille de papier blanc à l'endroit où vous voulez appliquer vos couleurs, afin de mieux voir l'effet et le degré de la teinte que vous voulez mettre, puis le blanc des yeux, le rond de la prunelle, les sourcils, les lèvres, etc. Composez ensuite de la couleur semblable aux carnations des figures que vous voulez faire, et couchez-en partout sur le visage, sans autre attention que de ne pas frotter en couchant cette couleur, de peur d'effacer celle qui y est déjà, et de gâter ce qui est fait. Observez la même chose à l'égard du reste du corps où il se trouve de la couleur de chair à mettre. Pour les draperies et autres accessoires, il n'y a qu'à les reconnaître et leur donner tout uniment les couleurs qui leur conviennent, ayant soin qu'elles soient bien broyées avec l'huile. Les tailles de l'estampe, comme on l'a dit, feront d'elles-mêmes l'effet des ombres sous les teintes que vous y aurez appliquées. Voici les couleurs qui conviennent le mieux à cette sorte de travail.

» Pour les draperies d'écarlate, on prend du beau vermillon avec un peu de laque fine et de mine orangée.

» Pour la couleur de cerise, du vermillon avec un peu de blanc de plomb.

» Pour la couleur de feu, du vermillon et du stil-de-grain jaune.

» Pour le jaune, du beau massicot doré et pâle, avec du jaune de Naples.

» Pour l'aurore claire, comme les rayons du soleil, les gloires, etc., de l'ocre jaune, du vermillon et du blanc; le tout discrétement.

»Pour le noir, on ne se sert pas de noir pur; mais on le représente avec du gris composé de noir de charbon de saule, ou de noir d'os brûlés, mêlé avec du blanc de plomb : c'est ainsi qu'on rend toutes les étoffes noires de soie et autres.

» Pour les fonds et les rochers, on prend du blanc mêlé avec du noir d'os. Les fabriques, les masures se représentent aussi avec le même gris plus ou moins foncé.

» Les lointains, les paysages et terrasses se font de différentes manières. Quand les ombres sont dans le lointain, on prend un peu de bleu ou de cendres vertes, avec un peu d'ocre jaune et quelquefois un peu de laque pour les troncs les moins éloignés. Pour les branchages des plans avancés, on se sert du vert de mer fait avec du stil-de-grain jaune, des cendres bleues et du blanc, plus ou moins. Pour les t rrasses, on prend quelquefois du rouge-brun, de l'ocre jaune et du noir d'os.

» Pour les toits et couvertures des maisons, on mêle discrètement du gris et du rouge.

» Les nuées se représentent avec du blanc et du vermillon, si elles doivent ètre rougeâtres; si elles doivent être claires, on y met plus de blanc, particulièrement lors qu'elles approchent du soleil. Les nuées ordinaires se font avec du charbon de saule, du blanc et tant soit peu de rouge.

» Les eaux se font avec des cendres vertes et bleues; en quelques endroits avec du blanc.

»La couleur de chair se fait, pour les hommes, avec du blanc, de l'ocre jaune et un peu de rouge-brun; pour ceux qui ont le teint basané, avec du blanc, de l'ocre jaune, du brun-rouge et un peu de vermillon. Pour les femmes et les enfans, on prend du blanc de plomb, du vermillon, de la laque fine et un peu de mine orange; le tout discrétement.

»Pour les cheveux, on se sert de blanc et d'ocre jaune pour les blonds, et de blanc mêlé avec du noir d'os pour les bruns.

» On commence l'ouvrage par où l'on finit dans les autres manières de peindre. On fait d'abord les rehauts et les clairs les plus vifs, on passe ensuite aux demi-teintes, et l'on finit par les ombres. » (*Extrait des Élémens de Peinture-Pra-*

tique; du moyen de devenir peintre en trois heures, etc., etc.)

De la Peinture immédiate sur le Verre froid.

Ici il faut dessiner soi-même son sujet et en trouver le clair-obscur. Comme ce genre de peinture ne doit se voir qu'au travers de la glace, c'est-à-dire du côté opposé à celui qui reçoit la couleur, le peintre ne voit presque pas ce qu'il fait. D'ailleurs il faut qu'il peigne tout au premier coup et sans y retoucher; car les couleurs qu'il coucherait sur d'autres déjà sèches ne paraîtraient pas au travers, et ne pourraient, par conséquent, s'apercevoir que si les premières couches avaient assez peu de corps pour laisser percer les secondes.

Imitation de l'Aventurine ou Pierre du soleil.

Chacun sait que l'aventurine est une sorte de pierre précieuse, qui prend parfaitement le poli, mais dont le principal défaut est une extrême fragilité.

On peut imiter facilement les agréables reflets de l'aventurine sur des boîtes, des tabatières, etc., etc., soit en bois ou carton recouverts d'une feuille de verre, soit entre deux lames de cette dernière substance. Voici le procédé.

On applique sur la surface deux couches de vernis de laque, ensuite on met deux couches de terre de Cologne ou de gomme-gutte délayée dans un vernis clair. On fait sécher, et on remet encore du vernis, mais par place seulement, et sur les places, on répand de la poudre d'or, qui n'est autre chose qu'une espèce de mica. Quand le tout est sec, on applique sur la surface entière encore deux ou trois couches du même vernis de laque. On laisse complétement sécher, et on polit à la pierre-ponce pulvérisée et à la potée. Après quoi on place l'ouvrage sous le verre.

Des Figures imparfaites de végétaux, dites herborisations, dont on peut couvrir rapidement et presque sans frais ni travail, de grandes surfaces de verre, propre dans cet état, à faire des panneaux de meubles divers.

Couvrez la surface du verre d'une couleur un peu foncée, finement broyée et délayée dans de la bonne colle de poisson. Laissez sécher, et, dans cet état, échauffez doucement le carreau de verre en le plaçant sur une plaque de tôle sous laquelle vous mettrez quelques cendres chaudes. Quand le verre aura acquis environ 35 degrés de température, inclinez-le légèrement et faites arriver à-la-fois sur toute la surface, au moyen d'une seringue percée de plusieurs trous, de l'eau presque bouillante. Cette eau, en se répandant en filets irréguliers, dissoudra une partie de la colle de poisson et entraînera avec elle la couleur : de ce passage rapide et au hasard de l'eau chaude, il résultera des solutions et des crevasses qui imitent assez exactement les herborisations aujourd'hui si communes à la surface des poteries.

Manière de jasper le Verre, pour en faire des Panneaux de coffrets, etc.

Couvrez d'abord vos panneaux au pinceau, avec une légère solution de colle de poisson. Laissez complètement sécher, puis appliquez au pinceau, confusément, comme pour imiter les accidens des brèches ou marbres, des solutions d'or dans l'acide muriatique, de platine *idem*; d'argent dans l'acide nitrique, d'étain, de plomb, etc., et laissez sécher. Placez dans une boite en bois une capsule ou soucoupe dans laquelle il y aura du sulfure de chaux ou de potasse en poudre, et sur lequel vous verserez de l'acide sulfurique étendu de moitié de son poids d'eau. Placez à une petite distance, au-dessus de cette boîte, le carreau de verre pour exposer les parties imprégnées des solutions métalliques à l'action de l'hydrogène sulfuré qui se dégagera du sulfure. Retirez-vous pour n'être pas incommodé de cette exhalaison. Quelques heures après vous trouverez le verre couvert des plus riches couleurs, avec des reflets métalliques très-singuliers. Mais comme ces minces pellicules n'y sont que très-faiblement attachées, il sera bon de les garantir de tout frottement par l'apposition d'une autre feuille de verre, au travers de laquelle le brillant effet sera visible.

Manière de Transporter facilement et promptement sur le verre, des dessins gravés.

Ce procédé peut être utile quand on a à porter sur des bonbonnières, ou boîtes quelconques en verre, des dessins qu'il serait long et coûteux d'exécuter à la main.

Passez d'abord une légère solution de colle de poisson bien transparente sur votre verre, pour que la couleur s'y arrête facilement.

La principale manipulation du procédé consiste ensuite à enlever la couleur dont une planche gravée en taille-douce aura été recouverte, pour la transporter immédiatement sur une surface plane ou convexe, où l'empreinte du sujet gravé se trouvera ainsi appliquée avec beaucoup de netteté.

Les planches à employer exigent une taille plus forte et un peu plus large que pour la taille douce ordinaire. L'étain convient très-bien pour cet objet, en place du cuivre, qui ne se coupe que plus difficilement.

Les couleurs s'emploient à l'huile cuite.

On fait fondre d'avance de la bonne colle-forte, qu'on passe ensuite au travers d'un linge ; on la verse chaude sur une glace dépolie, à l'épaisseur de deux ou trois lignes. Il faut que cette colle ait été délayée au degré suffisant pour que, refroidie, elle ait la consistance d'un cuir souple. On la coupe alors en morceaux de la grandeur de la planche dont on veut enlever l'empreinte.

On applique alors le côté poli de cette colle sur la planche encrée, c'est-à dire, chargée de la couleur dans ses tailles et essuyée : on presse la colle de la main *jusqu'au degré convenable* pour qu'elle puisse saisir la couleur dans les traits de la planche ; on l'enlève lestement et sans traîner, et on l'applique sur la surface intérieure de la pièce de verre qu'on veut décorer. La couleur s'y dépose presque en entier.

On passe ensuite un grand pinceau humecté d'eau sur la colle, pour en enlever les restes de la première impression, On peut alors en reprendre une nouvelle, et ainsi de suite, jusqu'à ce que le morceau de colle se trouve trop aminci, et qu'il faille le renouveler.

FIN.

DESCRIPTION DES FIGURES.

Figures 1, 2, 3, 4, 5 et 6. Petit fourneau pour la fusion des substances vitrifiables ou le ramollissement du verre déjà fait. (*Voyez la description complète*, *page* 15.)

Fig. 7. Vue perspective d'une moufle quadrangulaire. A, le corps de la moufle. B, la porte ; C, sa lorgnette ; D, le tuyau d'évaporation de l'essence.

Fig. 8. Moufle cylindrique garnie de pièces de cristal doré, prêtes à cuire. (*Voyez page* 21, 134 *et suivantes.*)

Fig. 9. Elévation perspective de la moufle cylindrique en tôle (*Voyez pag.* 20.)

Fig. 10. Tournette à fileter en dorure. (*Voyez page* 22.)

A la tête de la tournette ; B, le

cylindre creux ; C, le corps ; D, D, D, les pieds.

Fig. 11. Tirage du verre en fils à la lampe et enroulement sur le rouet. (*Voyez page* 23.)

Fig. 12. Touret pour la gravure du verre. Situation dans laquelle la graveur doit être pour travailler. (*Voyez pages* 23 *et* 99.)

Fig. 13 *et* 14. Détails du touret. (*Voyez page* 101.)

Fig. 15. Lampe d'émailleur, ou table à chalumeau. (*Voyez page* 13.)

Fig. 16. Autre lampe avec soufflet cylindrique.

Fig. 17. Vue de la lampe grossie, pour en faire connaître la construction.

Fig. 18. Façon d'un tube étiré ; *a*, une personne tire les pontis ; *b*, poste posée sur les pontis et se filant ; *c*, fil de la poste prenant la forme d'un tube creux, parce que la poste a été soufflée avant d'être filée ou tirée ; *d*, autre personne aidant à tirer ; *e*, canne ; *ff*, tubes posés sur les bûches ou pivettes, pour les refroidir ; *ggg*, bûches ou pivettes pour recevoir les tubes.

Fig. 19. Flacon à étiquette tracée sur un champ d'émail. (*Voyez page* 131.)

Fig. 20, 21, 22, 23, 24, 25, 26, 27 *et* 28. Soufflage des perles artificielles. (*Voyez page* 82). *Couvrage, mettage en couleur, et cartonnage des perles.* (*Voyez pages* 86 *et suivantes.*)

Fig 23. Perle ronde; *fig.* 22, perle ovale; *fig.* 24, bande de papier que l'on coupe suivant la direction des lignes ponctuées, pour former de chaque pièce un carton; *fig.* 21, carton entièrement roulé prêt à entrer dans une perle; *fig.* 20, carton roulé en partie sur une aiguille; *fig.* 27, perle ronde, prête à recevoir le carton qui est à côté; *fig.* 26, perle ronde enfilée sur le carton; *fig.* 25, perle dont le carton a déjà été coupé d'un côté; *fig.* 28, règle sur laquelle les perles sont collées pour pouvoir les plonger dans la terrine qui contient la cire fondue.

Fig. 29. Fait voir la direction du jet de flamme dans le travail de la lampe.

Fig. 30, 31, 32 et 33. Divers outils et groupes d'outils pour le travail du verre au touret. (*Voyez pages* 103 *et suivantes.*)

Description particulière des Figures de la Planche 3.

Sur cette planche on a représenté six sujets, dont l'ensemble offre une grande partie des ouvrages susceptibles d'être exécutés d'après les procédés qui ont été décrits.

Fig. 1 et 2. Vase et corbeille en verre filigrané. Quelques parties de ces deux sujets, plus massives que le reste, tels sont les anses, le socle, le collet du vase et le limbe du couvercle, exigeront d'être façonnées à part, et soudées au moyen du ramollissement qu'on procurera au verre par l'exposition au jet de flamme de la lampe. Les perles qui décorent les anses et le collet ne sont autre chose que de petits grains de verre tenus au bout de pinces délicates, ramollis à la flamme de la lampe et immédiatement appliqués en presant légèrement sur les parties qui doivent les recevoir.

Fig. 3. Plumets ou aigrettes de fil de verre tiré à la lampe.

Fig. 4 et 5. Faux camées. (*Voyez pages* 69 *et* 76.)

Fig. 6. Coupe antique supportée par une figure fantastique.

La tête de cette figure ne peut guère s'exécuter que par le procédé indiqué pour les empreintes, page 69; mais les bras, le buste et les torsades qui terminent ce tronc, peuvent, avec de l'adresse, se faire avec des baguettes tirées à la lampe et contournées à chaud. La tête se soudera à la lampe.

Les deux cygnes qui forment, sur le tronc, les anses de la coupe, peuvent également se faire en verre tiré à la lampe. Quant à leurs supports écailleux, il faudra employer, pour les mouler, le procédé des empreintes.

Pour la chèvre placée sur le couvercle, revoyez ce qui a été dit de ce genre de travail, pages 59 et suivantes, et page 63.

Pour les dessins d'ornement du piédestal, du ventre de la coupe et du couvercle, revoyez le procédé indiqué pages 65 et suivantes.

Il est superflu d'ajouter que les teintes que nous avons adoptées pour les objets offerts sur cette planche, sont arbitraires, et qu'on pourra, à volonté, y en substituer d'autres dans le travail réel.

TABLE DES MATIÈTES.

CHAPITRE II.

FIN DE LA TABLE.

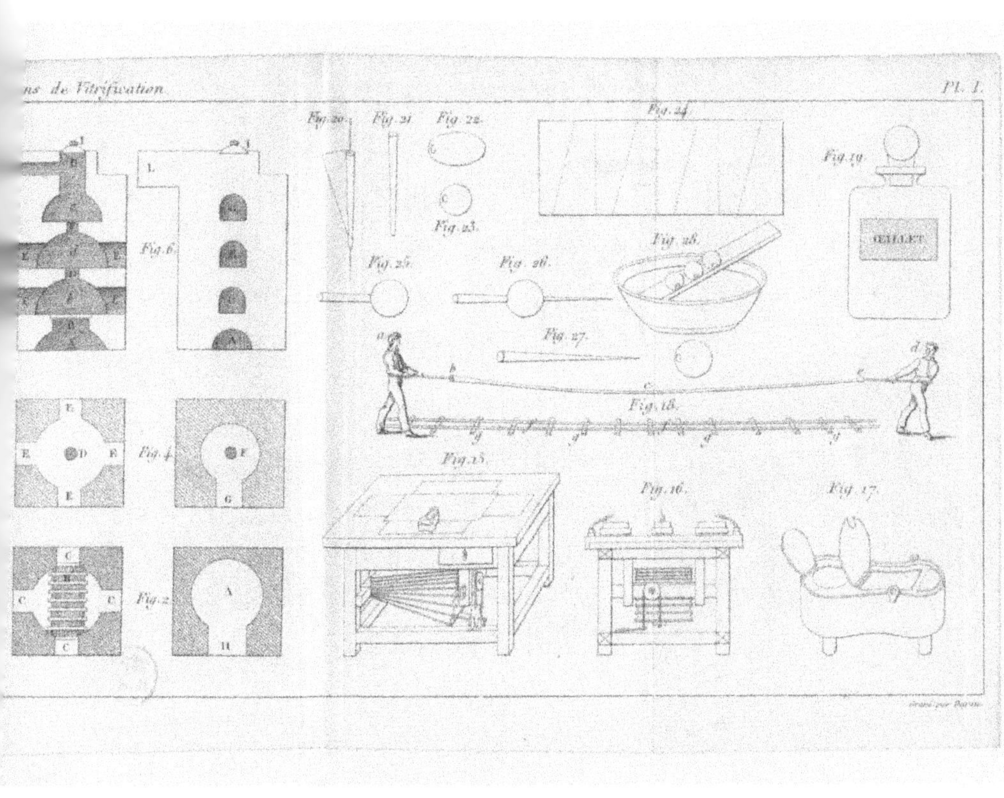
ns de Vitrification
Pl. I.
Fig. 20.
Fig. 21
Fig. 22.
Fig. 23.
Fig. 24.
Fig. 19.
ŒILLET
Fig. 6.
Fig. 25.
Fig. 26.
Fig. 28.
Fig. 27.
Fig. 18.
Fig. 4.
Fig. 15.
Fig. 16.
Fig. 17.
Fig. 2.

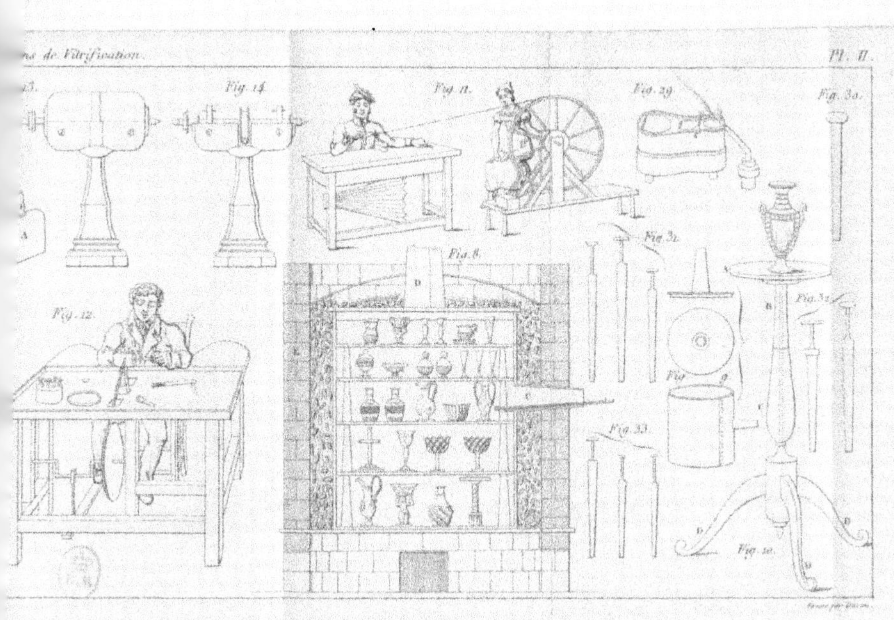
ns de Vitrification.
Pl. II.
Fig. 14.
Fig. 11.
Fig. 29.
Fig. 30.
Fig. 8.
Fig. 31.
Fig. 12.
Fig. 32.
Fig. 33.
Fig. 10.

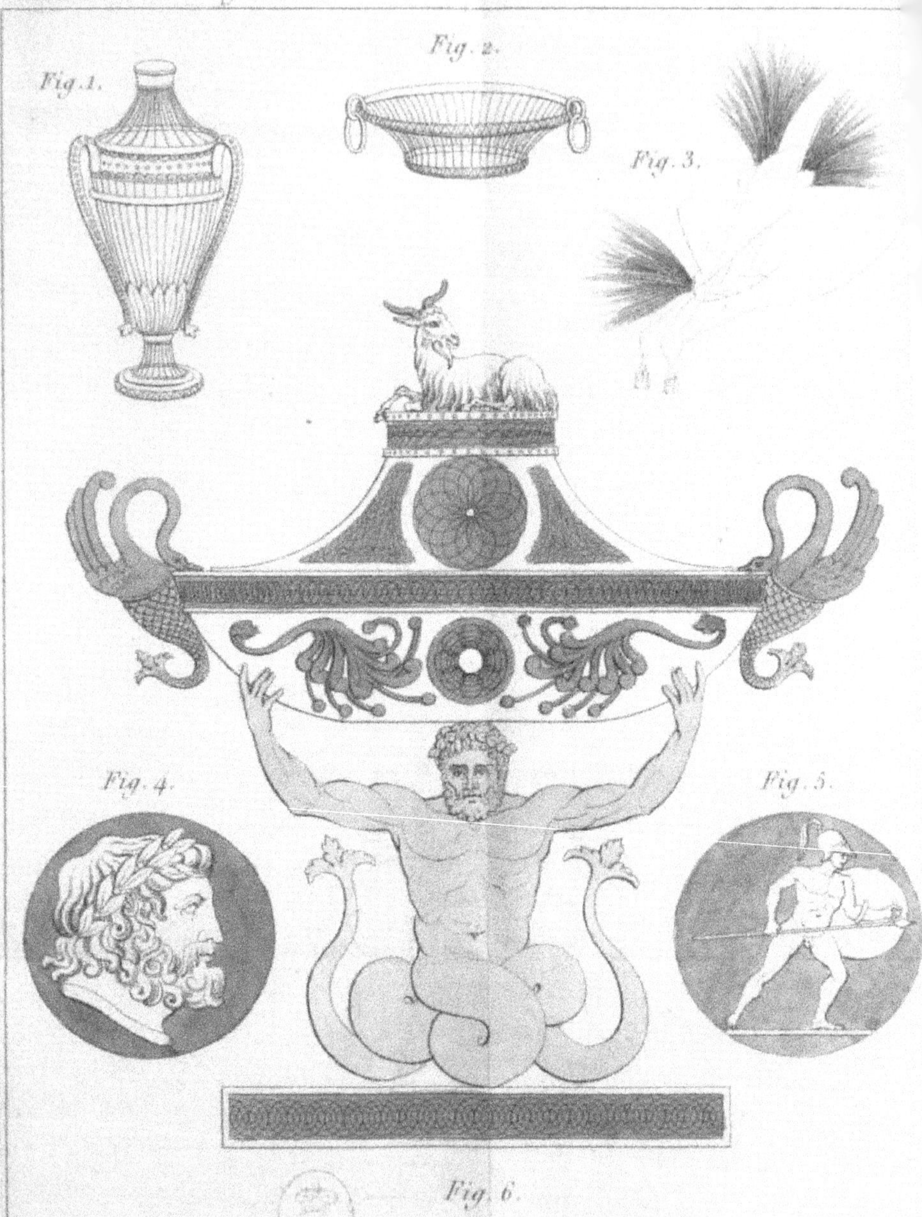

Gravé par Durau

www.ingramcontent.com/pod-product-compliance
Ingram Content Group UK Ltd.
Pitfield, Milton Keynes, MK11 3LW, UK
UKHW022104260726
13993UKWH00001B/325